DIETER WYSS

# Lieben als Lernprozeß

VANDENHOECK & RUPRECHT IN GÖTTINGEN

## Dieter Wyss

Geb. 1923 in Addis Abeba, Studium der Medizin und Philosophie in Berlin, Rostock und Heidelberg, Promotion 1949 bei Viktor von Weizsäcker. Assistent an den Kliniken für Innere und für Psychosomatische Medizin und für Psychiatrie der Universitäten Heidelberg und Frankfurt am Main, ab 1958 Praxis als Psychoanalytiker in Frankfurt am Main, seit 1968 o. Professor und Direktor des Instituts für Psychotherapie und medizinische Psychologie der Universität Würzburg. Veröffentlichungen u. a.: Der Surrealismus (1950, 2. Aufl. 1975); Zwischen Medizin und Philosophie (mit Viktor von Weizsäcker, 1957); Die tiefenpsychologischen Schulen von den Anfängen bis zur Gegenwart (1961, 4. Aufl. 1972); Strukturen der Moral (1968, 2. Aufl. 1970); Marx und Freud (1969); Lehrbuch der medizinischen Psychologie und Psychotherapie für Studierende (1972); Beziehung und Gestalt. Entwurf einer anthropologischen Psychologie und Psychopathologie (1973); Mitteilung und Antwort. Untersuchungen zur Biologie, Psychologie und Psychopathologie der Kommunikation (1975).


GERHARD FROMMEL
DEM FREUND UND WEG-GELEITER
ZUGEEIGNET

*CIP-Kurztitelaufnahme der Deutschen Bibliothek*

*Wyss, Dieter*
Lieben als Lernprozeß.
(Kleine Vandenhoeck-Reihe; 1400)
ISBN 3-525-33364-1

*Kleine Vandenhoeck-Reihe 1400*

Umschlag: Hans-Dieter Ullrich. — © Vandenhoeck & Ruprecht, Göttingen 1975. — Alle Rechte vorbehalten. — Ohne ausdrückliche Genehmigung des Verlages ist es nicht gestattet, das Buch oder Teile daraus auf photo- oder akustomechanischem Wege zu vervielfältigen.
Gesamtherstellung: Verlagsdruckerei E. Rieder, Schrobenhausen

# Inhalt

So gebührt es denn auch uns, zuerst
den Eros, wie er an sich beschaffen
ist, und sodann seine Gaben zu
preisen.

Agathon in
Platons Symposion

# Vorwort

Die Liebe hat heute zahlreiche Feinde. Zu ihnen gehört nicht nur
die sogenannte Unterhaltungsindustrie, die aus menschlichen Beziehungen käufliche Schlager macht. Auch im orthodoxen Sozialismus verschiedenster Schattierungen gilt die Liebe als „privates
Glück", das hinter den Zielen eines gesellschaftlichen Umbruchs zu-
rückzustehen hat. Die Wissenschaft ist mit der Liebe ebenfalls nicht
freundlich umgegangen. Sigmund Freuds Beziehung zu ihr war
zwiespältig. In seinem bekannten Brief an C. G. Jung[1] gibt er
zwar zu, daß eigentlich die Liebe den Patienten heile. Andererseits sieht er in der Liebe aber eine krankhafte Überschätzung des
„Sexual-Objektes". Auch für C. G. Jung ist Liebesleidenschaft
dämonische Besessenheit, die es zu behandeln gilt. Daß die Verhaltensforscher in der Liebe einen der Fortpflanzung dienenden
Auslösemechanismus sehen, ist bekannt, ebenso daß die christliche
Theologie seit Tertullian und Augustin in Verliebtheit und Liebesleidenschaft Kreatürlich-Sündhaftes zu sehen geneigt war. Diese
so vielfältig schlecht behandelte Liebe ist zu allem Unglück auch
noch ihr eigener Feind, wie der Leser dieses Büchleins feststellen
wird. Nichtsdestoweniger stirbt die Liebe nicht aus, und immer
wieder hoffen Millionen von Menschen auf die Begegnung mit
ihr. Wie hängt das eine mit dem anderen zusammen?
Um „Lieben zu lernen" ist es notwendig, erst einmal zu erfahren,
was Liebe ist und wie sie sein kann. Dies aufzuzeigen ist ein Ziel
des vorliegenden Büchleins, das in der Darstellung vom „Was"
der Liebe zu ihrem „Wie" fortschreitet. Es wendet sich in erster
Linie an die, die lieben möchten oder die sich fragen, warum sie
in der Liebe gescheitert sind.

[1] Zit. nach E. Jones: S. Freud, Vol. II, London 1955, S. 485.

Dem Verfasser war wichtig, das pathische Moment des Ergriffen-Werdens durch die Liebe in seinen verschiedenen Abstufungen phänomenologisch herauszuarbeiten, wie auch die Imponderabilien und das Atmosphärische der Liebesbeziehung zu beschreiben. Die „dialektische" Verschränkung von Nähe und Distanz an der Wurzel der Liebesleidenschaft, die Gefahr der Aufhebung der Liebe durch ihre eigene Bewegung, soll dem Leser Einblicke in die Vielschichtigkeit der „Liebe" vermitteln. Sie sind Voraussetzung des Lernens.

Das Büchlein, das der Verfasser als eine „ars amandi" bezeichnen möchte, setzt die Bemühungen fort, die *M. Scheler, H. Kunz, O. F. Bollnow, V.-E. von Gebsattel, H. Tellenbach, H. Stierlin*[2] und andere begonnen haben. Es ist nicht ohne die Untersuchungen des Verf.: „Beziehung und Gestalt" und „Mitteilung und Antwort" zu denken, auf die der interessierte Leser ausdrücklich verwiesen sei.

Für maßgebliche Anregung und freundschaftliche Zusammenarbeit sei insbesondere Herrn Dr. Hellmann gedankt.

Würzburg, im Frühjahr 1975                    Dieter Wyss

---

[2] M. Scheler, Wesen und Formen der Sympathie, Frankfurt am Main 1948. – H. Kunz, Die anthropologische Bedeutung der Phantasie, Band I u. II, Basel 1946 (insbesondere das Kapitel über „die heimatlose Welt ... und die schaffende Sehnsucht"). – O. F. Bollnow, Das Wesen der Stimmungen, Frankfurt am Main 1956. – V.-E. von Gebsattel, Prolegomena einer medizinischen Anthropologie, Heidelberg 1954 (insbesondere die Kapitel „Ehe und Liebe" und „Geschlechtsleib und Geschlechtstrieb"). – H. Tellenbach, Geschmack und Atmosphäre, Salzburg 1968. – H. Stierlin, Das Tun des Einen ist das Tun des Anderen, Frankfurt am Main 1971.

# I. Liebe als „Ergriffen-Werden"

## a) Liebe auf den ersten Blick

„Als ich ihn im Restaurant am Tisch sitzen sah, wußte ich, daß wir zusammengehören. Ich kannte ihn nicht, ich wußte nicht, wer er war, ich sah ihn zum ersten Mal. Seine Augen waren es, sein Blick, die mich einfach hinrissen."

Wer kennt nicht Bekenntnisse dieser Art und wer wünscht sich nicht, ähnliches zu erleben? Die „Liebe auf den ersten Blick" ist seit der Romantik in der Literatur, im Film und im Theater der letzten Jahrzehnte zunehmend zu einem der am meisten behandelten Themen geworden, zugleich zu einem begehrten Erlebnis ganzer Bevölkerungsschichten. Ein Film ohne entsprechende Liebesgeschichte hat wenig Aussicht, die Kassen zu füllen, ein Schlager, in dem es nicht um Liebe geht, wird kaum zum Hit der Saison werden. Aber es bedarf gar nicht der Hinweise auf die Beziehungen zwischen moderner Literatur, Film und Theater und der Liebe „auf den ersten Blick". Diese spielte nicht nur in der sog. bürgerlichen Literatur seit dem 18. Jahrhundert eine zentrale Rolle, sondern ebenso in den Romanen und Bühnenstücken östlicher (asiatischer) Provenienz und in den überlieferten Texten der Antike. „Liebe auf den ersten Blick" ist ein wesentliches Thema sowohl der persisch-iranischen höfischen Dichtung als auch der europäischen Dichtung des Mittelalters und erweist sich damit zumindest als ein Anliegen, das in immer neuen Varianten dargestellt und gefeiert wird.

Auch in naturvölkischen Ethnien einfachster Lebensform, bei Jägern und Sammlern wie z. B. den Ureinwohnern Australiens, bei den Weddas und den Fuego-Indianern Patagoniens, ist die „Liebe auf den ersten Blick" bekannt. Spontane Anziehungen zwischen jungen Männern und Frauen sind dort ein regelmäßig zu beobachtendes Vorkommnis; selbstverständlich wird sie auch in Ethnien höherer zivilisatorischer Stufe, in Ackerbau oder Viehzucht treibenden Populationen beobachtet.

Die „Liebe auf den ersten Blick" ist durchaus nicht nur eine Angelegenheit der „oberen Zehntausend".

## b) Wesensmerkmale des Ergriffen-Werdens: Überfallen, Überkommen, Überwältigung

Was sind die gemeinsamen, sie bestimmenden, sie auszeichnenden Charakteristika dieser universell vorkommenden „Liebe auf den ersten Blick"? Ihre Spontaneität, d. h. ihr unvorhersehbares, nicht einzukalkulierendes, unberechenbares Auftreten, das den von ihr „Ergriffenen" plötzlich überfällt, überkommt, überwältigt.

In einem Zusammenspiel (Konstellation) vielfältiger Bedingungen und Situationen, die weitgehend zufälligen Charakter haben: im Restaurant, im Flugzeug, auf der Flucht, im Fabriksaal oder im Laboratorium tritt der Mensch auf, dessen Erscheinen wie ein „Überfall" auf den anderen wirkt. „Wie ein Blitz" erhellt seine Erscheinung die Alltäglichkeit der jeweiligen Situation. Der Überfallcharakter wird über das Plötzliche des Auftretens der bestimmten Person hinaus durch die Ungewöhnlichkeit des Ereignisses betont, das den Charakter eines „Bühnenauftritts" bekommt. Die auftretende Person wird zum Mittelpunkt der Szenerie, obwohl sich im Ablauf alltäglichster Handlungen nichts geändert hat.

Denn das Laboratorium, in das „M. N." zum ersten Mal eintrat, ist nicht mehr dasselbe wie vorher. Der betreffende Mensch – M. N. – macht es für den von der „Liebe auf den ersten Blick" Überfallenen eben zu einer Bühne, auf der jetzt jede Einzelheit der Handlung bedeutungsvoll und bedeutungsgeladen wird. Dazu zählt nicht nur die Art und Weise, wie M. N. die Tür öffnet, sie schließt, sich langsam in den Raum hinein wendet, den Versuchsleiter um Auskunft bittet, dabei vielleicht die Hand auf die Lehne seines Stuhles stützt, wie sie das eine Bein vor das andere stellt, etwas abwesend durch das Fenster blickt. Vielmehr verwandeln sich die Gegenstände selbst unter der „Stimmung" des Ereignisses: Reagenzien, Gläser, Apparaturen, Tische, Regale mit Karteikarten, die extrem sachliche Umgebung glänzt wie in einem nicht gekannten Schimmer auf. Ein Dichter schildert diese Verwandlung so:

„An der Freude und Bangigkeit, die sein Herz befiel, merkte er sofort, daß sie wirklich da war. Sie stand im Gespräch mit einer Dame am entgegengesetzten Ende der Eisenbahn. Weder in ihrer Kleidung noch in ihrer Haltung schien etwas Besonderes zu liegen; für Ljewin aber war es ebenso leicht, sie aus dieser Menschenmenge herauszufinden, wie er einen Rosenstock unter Brennesseln herausgefunden hätte. Alles empfing gleichsam Licht von ihr. Sie war das Lächeln, das alles ringsum verklärte. ,Darf ich wohl da hinuntergehen, auf das Eis, und an sie herantreten?' ging es ihm durch den Kopf. Der Ort, an dem sie stand, erschien ihm als ein Heiligtum, zu dem der Zutritt verboten war, und es gab einen Augenblick, in dem er beinahe wieder umgekehrt und fortgegangen wäre, eine solche Scheu überfiel ihn. Er mußte sich Gewalt antun, um sich klarzumachen, daß doch rings um sie sich alle möglichen Leute bewegten und schließlich auch ihm der Zugang zu der Eisbahn freistand. Er ging hinunter, vermied es jedoch, nach ihr hinzuschauen – gleichwohl aber sah er sie, wie man auch die Sonne sieht, ohne nach ihr zu blicken" (Leo N. Tolstoj, Anna Karenina).

Die Dinge, die die bereits geliebte Person für Bruchteile von Augenblicken wahrnimmt, in ihrem Umraum aufnimmt, um sie wieder aus diesem zu entlassen, werden „geheiligt". Ein Blatt Papier, mit dem M. N. gedankenlos spielte, wird sorgfältig nach Hause mitgenommen und in einem „Reliquienschrein" untergebracht. Der Haargarnteppich, den ihre (das gilt genauso für seine) Schuhe betraten, wird immer wieder betrachtet, als ob es möglich wäre, die Gestalt an derselben Stelle wieder erstehen zu lassen. Das Fenster, über das ihr Blick ging, wird Anlaß, in ähnlicher Weise hindurchzusehen, um sich dabei – über die Erinnerung an den Blick M. N.'s – M. N. selbst zu vergegenwärtigen.

Die durch das Auftreten von M. N. derart überfallartig sich verändernde Situation wird zum Einbruch einer sich auch verwandelnden Welt. Diese verwandelt sich, da X. Y., der noch passivwahrnehmende Partner, sich von den durch das Auftreten M. N.'s erweckten Empfindungen, Gefühlen überfallen erlebt, die ihm neu, aufwühlend, erschütternd, in höchstem Maße beunruhigend erscheinen.

„Überfall" würde demnach dreierlei umschließen: Das situativ unvorhergesehene Auftauchen eines Menschen; das Erwecken unbekannter, aufwühlender gefühls- und stimmungsbezogener Antworten durch ihn; und im Erleben des von diesem Menschen Ergriffenen, Überfallenen erscheint dieser jetzt erhöht, verklärt, von einem jeder Beschreibung sich entziehenden „Licht" umflossen. Darüber hinaus werden – als viertes Moment des Überfallenwerdens – auch die Dinge der unmittelbaren Umwelt, des Handelns jener Person zu geheimnisvollen Trägern einer „wunderbaren" Wirkung.

Der überfallähnliche Einbruch in alltägliche Trivialitäten erfährt durch das „Überkommen" eine weitere Steigerung. „Es überkam mich" ist nicht nur eine häufige Aussage Liebender, mit der diese das nicht dem Willen unterstehende Geschehen kennzeichnen. Im

„Überkommen" zeigt sich vielmehr eine eigenartige Weise der Bewußtseinserweiterung, die Menschen immer wieder zu Aussagen veranlassen wie: „Ich wußte, daß wir für immer zusammengehören". „Unsere ganze Zukunft lag mir klar vor Augen." „Ich sah ihn (sie) in ihren Schatten- und Lichtseiten, völlig durchsichtig, unsere Schwierigkeiten, aber auch unser Glück war mir von Anfang an klar."

Es überkommt den – oder die Partner – eine Ahnung möglicher gemeinsamer Zukunft. Es überkommt sie die Antizipation, die Vorwegnahme von Schmerz, Leid, die Schau möglichen Glücks. Es überkommt sie, weil sie in diesem Zustand von Bewußtseinserweiterung (wie andere berichten) „nicht mehr ganz bei sich sind". In diesem Überkommen-Werden brechen die Partner durch das Jetzt der Gegenwart in eine noch unausgesprochene Zukunft hinein, Gegenwart wird aufgehoben, Zukunft beginnt sich darzustellen.

Die Überwältigung als dritte Möglichkeit des Ergriffen-Werdens durch die Liebe treibt das Erleben auf die Spitze und gibt ihm den als „schicksalhaft" erlebten unerbittlichen Zug, der nicht selten Anlaß zu bitteren Klagen wird. In der Überwältigung wird die Auslieferung an . . ., das Ergriffen-Werden von . . . sichtbar, die das Erleben der „Liebe auf den ersten Blick" entscheidend bestimmt. Die Auslieferung an das Geschehen, das Ergriffen-Werden von ihm, damit von der Person des anderen, die Abhängigkeit von ihr, ist jedoch durch den häufig schon in diesem ersten Stadium gegenseitiger Anziehung beginnenden Kampf gegen die Abhängigkeit selbst gekennzeichnet. Es wird der Aspekt sich abzeichnender möglicher Hörigkeit sichtbar, die in jeder Liebesleidenschaft – jedenfalls vor dem Einsetzen des „Lernprozesses" – schlummert, und die die Liebenden oder Verliebten zu Ausbrüchen von Verzweiflung nicht weniger wie zu ekstatischer Verzückung hinreißt. Goethe schildert im „Werther" dieses Erlebnis folgendermaßen:

„Unglücklicher! Bist du nicht ein Tor? Betrügst du dich nicht selbst? Was soll diese tobende endlose Leidenschaft? Ich habe kein Gebet mehr als an sie; meiner Einbildungskraft erscheint keine andere Gestalt als die ihrige, und alles in der Welt um mich her sehe ich nur im Verhältnisse mit ihr. Und das macht mir denn so manche glückliche Stunde – bis ich mich wieder von ihr losreißen muß! Ach Wilhelm! wozu mich mein Herz oft drängt! – Wenn ich bei ihr gesessen bin, zwei, drei Stunden, und mich an ihrer Gestalt, an ihrem Betragen, an dem himmlischen Ausdruck ihrer Worte geweidet habe, und nun nach und nach alle meine Sinnen aufgespannt werden, mir es düster vor den Augen wird, ich kaum noch höre, und es mich an die Gurgel faßt wie ein Meuchelmörder, dann mein Herz in wilden Schlägen den bedrängten Sinnen Luft zu machen sucht und ihre Verwirrung nur vermehrt – Wilhelm, ich weiß oft nicht, ob ich auf der Welt bin! Und – wenn nicht manchmal die Wehmut das Übergewicht nimmt, und Lotte mir den elenden Trost erlaubt, auf ihrer Hand meine Beklemmung auszuweinen, – so muß ich fort, muß hinaus! und schweife dann weit im Feld umher, einen jähen Berg zu klettern ist dann meine Freude, durch einen unwegsamen Wald einen Pfad durchzuarbeiten, durch die Hecken, die mich verletzen, durch die Dornen, die mich zerreißen! Da wird mirs etwas besser! Etwas! Und wenn ich vor Müdigkeit und Durst manchmal unterwegs liegen bleibe, manchmal in der tiefen Nacht, wenn der hohe Vollmond über mir steht, im einsamen Walde, auf einen krummgewachsenen Baum mich setze, um meinen verwundeten Sohlen nur einige Linderung zu verschaffen, und dann in einer ermattenden Ruhe in dem Dämmerschein hinschlummre! O Wilhelm! die einsame Wohnung einer Zelle, das härene Gewand und der Stachelgürtel wären Labsale, nach denen meine Seele schmachtet. Adieu! Ich seh dieses Elendes kein Ende als das Grab."

In der Überwältigung durch die Liebe, der Auslieferung an das Ergriffen-Werden, damit der weitgehenden, bedingungslosen Übergabe an den anderen oder die andere wird das pathische Grundelement der Liebesleidenschaft sichtbar, das immer wieder als „Schicksal" erlebt wird.

Den pathischen Grundzug der Liebesleidenschaft, insbesondere der „Liebe auf den ersten Blick" hätten berühmte Opern wie Bizets „Carmen", Verdis „Traviata" oder auch Wagners „Tristan" nicht darzustellen vermocht, wenn sie nicht in dieser Darstellung eine allgemein menschliche Erfahrung für alle hörbar gemacht hätten.

Dieser pathische Charakter der Liebesleidenschaft weist auf die Nähe der Liebe zum Pathologischen hin. Das erkannten namhafte Psychiater, auch Freud, bei aller Gefahr wiederum, der sie unterlagen, Liebesleidenschaft und Krankheit gleichzusetzen. Der „Liebeskranke", der sich nicht in unmittelbarer Nähe des Partners aufhalten darf, wird trübsinnig, melancholisch, „depressiv", er ißt und trinkt nicht und geht körperlich nicht weniger als psychisch zugrunde und wurde so zum Gegenstand der Darstellung schon ältester Erzählungen und Legenden. Der glückliche, seine Leidenschaft beantwortet wissende Liebende dagegen verfällt in das andere Extrem: Er „läuft" vor Mitteilungsbedürfnis „über". Er „platzt vor Glück aus allen Nähten", er vermag niemandem sein

Glück zu verheimlichen und spricht fast ausschließlich von diesem und zu jedermann. In seiner Stimmung ist er nicht nur selig, gehoben, „schwebend", und in seinem Verhalten nicht ohne weiteres von dem sog. manisch Erkrankten zu unterscheiden. Mit anderen Worten: Unglückliche und glückliche Liebe treten im Ergriffen-Werden der Liebenden hier von Melancholie, dort von überschießender Seligkeit, in unmittelbare Nähe zu den zyklothymen Erkrankungen des manisch-depressiven Irreseins.

Diese Nähe verstärkter Weltabwendung (Melancholie) oder verstärkter Weltzuwendung in der Liebesleidenschaft hier, in der Krankheit dort, unterscheidet sich von den krankhaften Zuständen jedoch durch den personalen Bezug der „Liebe auf den ersten Blick": durch die jeweilige, einmalige Beziehung von M. N. zu X. Y. oder von X. Y. zu M. N., um derentwillen diese sich traurig oder überschwänglich glücklich fühlen und sich entsprechend verhalten.

Das Verhalten der Liebenden ist einerseits stets im Zusammenhang der Beziehung zu sehen, die Antwort auf das Verhalten des anderen ist, spiegelt andererseits aber auch gehobene und gedrückte Stimmungen wider, die vom Verhalten des anderen unabhängig sind. Das heißt, daß in den Stimmungsschwankungen der Bezug auf den anderen zwar stets vorhanden ist, die Stimmungsschwankungen selbst jedoch nicht immer unmittelbare Antwort auf das Verhalten des anderen sind.

Damit wird Überwältigung durch ... zwar als Auslieferung an ein nicht zu steuerndes oder kontrollierendes Geschehen sichtbar und erinnert in dieser Auslieferung an Abläufe pathologischer Art. Jedoch fehlt durch die grundsätzlich personale Beziehung der „Liebe auf den ersten Blick" der Überwältigung der blinde, meistens nicht sinnvoll zu rekonstruierende Charakter der sog. manisch-depressiven Erkrankungen. Alle, auch die „irrationalsten" Stimmungsschwankungen der Liebenden umschließen ferner eine nicht immer „logische" Antwort auf das Verhalten des anderen, die in den genannten Erkrankungen weitgehend fehlt.

Die Spontaneität der „Liebe auf den ersten Blick" wurde im Sinne des Ergriffen-Werdens von ... in Überfallen-Werden, Überkommen und Überwältigung aufgewiesen. Es sei noch ein weiteres Merkmal dieser plötzlich ein- und aufbrechenden Art menschlicher Beziehung in Augenschein gefaßt: Die „Liebe auf den ersten Blick" kann sich entweder am Aussehen des möglichen Partners, an seiner Erscheinung ganz allgemein oder an bestimmten Einzelheiten entzünden. Am Blick, an der Haar- oder Hautfarbe, an Kleidung, Sprechweise, Ausdruck und Gestik, an der Physiognomie, an belanglosen Kleinigkeiten: Wie der betreffende die Türklinke anfaßt, sich die Schuhe reinigt, wie er beim Lachen eine bestimmte Falte um den Mundwinkel bekommt, wie er, mit den Augen blinzelnd, Fremdworte in skurriler Weise betont usf.

Die Erscheinung des anderen, sein leibhaftes So-Sein in allen Einzelheiten, nur dem Sich-Verliebenden auffallend, ist für die Entzündung und Erweckung der Liebesleidenschaft, der Verliebtheit ausschlaggebend. Die Art und Weise, wie M. N. sich zur Tür zurückwendet, wie X. Y. das Steuer des Autos bedient, sind der Funke, der rasch zu der die ganze Erscheinung des anderen umfassenden Flamme wird. Der mögliche Beruf, die Bildung, die Vermögenslage, die Parteizugehörigkeit, die Weltanschauung, das tägliche Leistungssoll, die Schichten- oder Rassenzugehörigkeit sind dagegen nicht maßgebend. Deshalb haben insbesondere die gesellschaftlich tonangebenden, überwiegend ökonomisch orientierten Schichten – nicht nur im Europa des 19. und 20. Jahrhunderts – sich stets bemüht, ihre Angehörigen von früher Kindheit an im vorhinein auf spätere Bindungen festzulegen, damit die Individuen nicht, von der Liebe „überfallen", schichten- oder klassenunspezifische Verbindungen eingehen. Die Liebe „geht wie eine Furie" (von Weizsäcker) durch Standes-, Berufs- oder Überzeugungsunterschiede. Dies wurde nicht nur zum Thema der sog. bürgerlichen Romanliteratur, sondern gehört heute auch zu den Hauptproblemen des psychiatrisch-psychotherapeutischen Alltags.

Die „Liebe auf den ersten Blick" wird in jedem Fall durch die Erscheinung des anderen entzündet, durch „Äußerlichkeiten", wie sie von moralischer Warte disqualifizierend genannt werden, um damit das eigentliche Rätsel der Liebesleidenschaft nur zu vertiefen. Diese Liebesleidenschaft gibt sich hier durch ihre unberechenbare Spontaneität kund, dort in ihrer Abhängigkeit von der Erscheinung, in deren einzelnen Zügen der verliebte Mensch das Ganze der geliebten Person zu erblicken glaubt. Das Geschehen der Liebe als Ergriffen-Werden ist jedenfalls nicht von den leibhaften Anzeichen zu trennen, über die sich die gegenseitige Anziehung „lawinenartig" entwickelt.

Als weiteres Wesensmerkmal der „Liebe auf den ersten Blick" und der aus ihr sich ergebenden individuellen Entwicklungen sind die somatischen Erscheinungen zu erwähnen, die allgemein und regelmäßig mit dem Auftauchen einer Liebesbeziehung verbunden sind. Diese körperlichen Symptome machen sich unterschiedlich bemerkbar, abhängig von dem Individuum, seiner Konstitution, den situativen Varianten der Lebensumstände, aber auch von der Grundstimmung dieses Menschen, der Neigung zur Fluktuation von Stimmungen, den erziehungsbedingten Möglichkeiten ihrer Beherrschung oder ihrer entsprechenden Labilität. Es sind somatische Erscheinungen, die in analog gespannter Erwartungshaltung auftreten: dann, wenn ein gefürchtetes oder erwünschtes Ereignis sich angekündigt hat, sein Eintreffen unmittelbar bevorsteht. Dabei ist es weitgehend gleichgültig, ob das Ereignis überwiegend erwünscht oder gefürchtet ist. Die Erwartungsspannung kann in beiden Fällen gleich unerträglich werden. Die Unerträglichkeit wird durch die Unsicherheit jeder Erwartung bedingt, die nie „mit an Sicherheit grenzender Wahrscheinlichkeit" das Eintreten des Erwartet-Bevorstehenden vorauszusagen vermag. Soll dem Erwünschten, Erhofften, dem Eintreffen von X. Y. um 9.05 Uhr auf dem Flugplatz entgegengelaufen werden? Nehmen Herzklopfen, erhöhte Darmtätigkeit, verstärkte Rötung des Gesichtes, Erblassen der Extremitäten (Hände, Füße), lebhaftere Atmung, u. U. Zittern des ganzen Körpers das Hinlaufen zu . . . oder das Weglaufen von . . . vorweg? Wird als „Ersatzhandlung" „auf der Stelle gelaufen", anstatt in Wirklichkeit? Antizipieren die körperliche Erregung, die roten Flecken am Hals, das Schwitzen der Hände, der trockene Mund, das Herzklopfen und die beschleunigte Atmung, die möglicherweise sinnlich-erotische Vereinigung, den Orgasmus, wenn die geliebte Person plötzlich auf einen zukommt?

Die leibhaft-sinnliche Nähe des anderen, die, im sachlichen Gespräch sich darstellend, ebenso höchste Beseligung wie physische Pein umschließt, kann ebenfalls Anlaß zu den genannten Symptomen leibhafter Erregung und Fluktuation werden, wie sie Erwartung hier, Hoffnung und Furcht dort vermitteln. Der Anblick der geliebten Person in einem anderen Zimmer, „ohne daß sie mich sieht", vermag nicht weniger Anzeichen leibhafter Beteiligung hervorzurufen und weist auf das In-der-Schwebe-Bleiben eines möglichen Ereignisses hin, auf das Unentschiedene, das noch Entscheidungen in der einen oder anderen Richtung, noch das Hin- oder das Weglaufen erlaubt. Wenn aber die Entscheidung bereits gefallen ist und die erwähnten Symptome unverändert anhalten: Sprechen diese möglicherweise deshalb intensiv mit, weil das Ergriffen-Werden die Partner schon aneinander gebunden hat? Oder deshalb, weil beide oder einer von ihnen sich doch noch lösen, davoneilen, fliehen möchte, um dieser Auslieferung an die Liebe zu entgehen? Wie bei jeder Interpretation leibhafter Zeichen (Symptome) bewegt sich das Deuten im Bereich des Möglichen, nicht in dem ursächlich-verständlicher Fakten, und die Deutung vermag nur bei dem Sowohl-als-Auch zu verbleiben.

„Liebe auf den ersten Blick" ist, wie die nie ausbleibende leibhafte Beteiligung, die Mitsprache des Körpers zeigt, immer auch ein leibhaft-sinnliches Ereignis. Es ist nicht nur das Erscheinende der Gestalt oder des Gestalthaften, das die Liebe weckt, sondern der Leib liebt nicht weniger als die Psyche. Seine Art zu lieben wird in der begehrenden Anziehung zu jemandem erfahren, die oft als unwiderstehlich erlebt wird und einen ersten wichtigen Hinweis auf das Wesen der Liebe als „Streben nach Nähe" enthält.

*c) Erste Begriffserklärung der „Liebe auf den ersten Blick":*
*„Verliebtheit", „Liebesleidenschaft"*

Aus der „Liebe auf den ersten Blick" kann sich ebenso eine kurz anhaltende Verliebtheit wie eine den ergriffenen Menschen, seine Werte, seinen Stand in der Welt, sein Herkommen, seine Weltanschauung in Frage stellende Leidenschaft entwickeln. In der „Liebe auf den ersten Blick" sind die Möglichkeiten zu der einen wie zu der anderen Entwicklung noch offen: zu der Verliebtheit, die im Unterschied zur Leidenschaft – nicht nur für die Umwelt, sondern auch für den verliebten Menschen selbst – den Charakter des Flüchtigen, Angeflogenen, „Blütenhaften", Erregend-Beglükkenden, aber auch des Ephemer-Vergänglichen hat. Sie führt meistens nicht zu einer Lebens- oder Existenzkrise wie die Leidenschaft: Damit sei die Verliebtheit in keiner Weise als „oberflächlich" beurteilt und moralisch disqualifiziert.
Im Unterschied zur Verliebtheit ist die Liebesleidenschaft nicht nur durch ausgeprägtere und tiefere Intensität des Erlebens, damit vor allem des Leidens gekennzeichnet, nicht nur durch ihre Möglichkeit, Existenz und Lebensschicksal in Frage zu stellen, sondern vor allem durch die pathische Abhängigkeit des Ergriffen-Werdens. In diese werden die von der Liebesleidenschaft Überwältigten wie zwangsläufig-schicksalhaft hineingezogen und -gesogen.
Diese Abhängigkeit, die häufig zu einer gegenseitigen wird, ist der Abhängigkeit Süchtiger von ihrer Droge vergleichbar, obwohl vergleichbare biochemische Veränderungen auszuschließen sind. Die Vergleichsmöglichkeit ergibt sich aus der Art, wie der von der Liebesleidenschaft Ergriffene auf Entzug des Partners antwortet: Nicht nur mit Melancholie und Weltabwendung, sondern auch mit destruktiver Aggressivität, mit „Toben und Rasen", mit hektischer Unruhe, ziellosem Hin- und Herlaufen, mit vielfältigen körperlichen Symptomen. Diese entsprechen zwar objektiv nicht denen

einer Entziehungskur, dürften aber in der Intensität des Leiderlebens hinter den Erfahrungen der Entziehung nicht weit zu-
rückstehen.

In beiden Fällen extremer Abhängigkeit unterscheidet die Liebenden auch hier ihre Leidenschaft zueinander grundsätzlich von
den Süchtigen – eben durch die Leidenschaft, da von einer „Leidenschaft zu Marihuana" nicht oder nur im metaphorischen Sinn
zu sprechen ist. Wie die zyklothymen Erkrankungen ist auch die
Drogenabhängigkeit ein weitgehend nicht mehr verfügbares Geschehen, das den Kranken nicht nur ergreift wie die Liebesleidenschaft, sondern ihn darüber hinaus an das Nicht-Verfügbare leib-
haft-organischer Abläufe ausliefert.

Der Verliebtheit und Liebesleidenschaft gegenüber sei Liebe vor-
erst schlicht als Zuneigung bezeichnet. Zuneigung, die von wohl-
wollend-sympathetischer Anteilnahme, von allmählichem gegenseitigen Sich-Eröffnen und Sich-Erschließen bis zu verbindlich-
bindenden Beziehungen reicht. Sie umschließt alle Möglichkeiten,
die sich aus Sympathie ergeben können: Die sinnliche (erotisch-
sexuelle) Verbindung nicht weniger als eine ausschließlich im Bereich von intellektuellen Gesprächen sich anbahnende Verbindung.

Die Voraussetzung für die Liebe, jetzt der Zuneigung gleichgesetzt,
ist unspezifisch (allgemein) fühlend-sympathetische Zuwendung
zur Welt, zu Personen, aber auch zu Dingen und Leistungsbereichen: Liebe zum Schachspiel oder zum Fußballsport, zur Bühne,
zur Mathematik oder zum Sozialismus, zu Kunstgegenständen
– speziell beispielsweise zur Kunst des frühen Mittelalters –, zur
Radiobastelei oder Chemie – nicht weniger zu einer bestimmten
Baumblüte, einem Platz in Paris oder einem griffig in der Hand
liegenden Werkzeug. Aus der Zuwendung zu diesen erfolgt spezifische Zuneigung. Der Oberbegriff wäre demnach Zuwendung, die
sich bereits im Aufwachen nach dem Schlaf als Zuwendung zur
Umwelt (Welt) überhaupt darstellt, aus der sich dann fühlend
sympathetische Zuneigungen zu „diesem oder jenen" schrittweise
entwickeln. In der Zuneigung „zu" ... sind Verliebtheit, Leidenschaft als Möglichkeit von Zuneigung bereits latent vorhanden,
sie erfahren eine Intensivierung und Steigerung vor allem durch
den Distanzverlust der geliebten Person, aber auch den geliebten
Dingen und Sachbezügen gegenüber.

Die Distanz zur Welt und zu dem sich in ihr Zeigenden und Darstellenden von Personen, Landschaften, Werkzeugen, Kunstdin-
gen geht in der Verliebtheit und in der Liebesleidenschaft zunehmend zu Gunsten des anderen verloren. Es ereignet sich eben die
Überwältigung durch den Geliebten oder das Geliebte, die in der

oft als lästig-zwanghaft empfundenen Weise von einem Besitz ergreifen, indem man z. B. ständig an den anderen denken, sich mit ihm beschäftigen muß; das kann zu einer Art von „Besessenheit" von ihm oder auch der geliebten Sache führen. (Hier dürfte die Wurzel der engen Beziehung von Liebe und dem Wunsch, den anderen „besitzen" zu wollen, liegen und nicht ausschließlich in ökonomischen Verhältnissen.)

Diese Vorgänge sind nicht nur für die oben geschilderten Erscheinungsweisen der Liebesleidenschaft und Verliebtheit bestimmend, sondern Abhängigkeitsbeziehungen aus zunehmendem Distanzverlust der Umwelt gegenüber sind bei Liebhabereien, bei scheinbar unproblematischen Freizeitbeschäftigungen nicht unähnlich der Liebesleidenschaft zu beobachten. Man nehme dem Hobbyschreiner seine Hobelbank, dem Bastler sein Instrumentarium, dem Kunstliebhaber seine Dias, dem Fußballfan seine Fußballveranstaltungen, dem Forscher seinen Aufgabenbereich, dem Sammler seine Sammlung – und „Entziehungserscheinungen" werden zu beobachten sein, die den oben dargelegten der Liebenden nicht unähnlich sind.

Aus der Zuneigung zu Dingen, der Auslieferung an sie entwickelt sich bei dem einen „Sammlerfetischismus", ein anderer begeht Diebstähle, um die Veranstaltungen seines Vereins nicht zu verpassen, der Dritte vernarrt sich in einen längst verstorbenen Autor, pilgert zu dessen Wohnsitz, sucht seine Grabstätte auf, sammelt dessen persönliche Hinterlassenschaften. Das heißt: auch in einer Beziehung zu nicht mehr lebenden Personen, in der Zuneigung zu diesen, wird Distanzverlust sichtbar, wird der „Liebhaber" (das deutsche Wort weist auf das, was ein Liebhaber von Briefmarken und der einer Frau gemeinsam haben) von dem „Gegenstand" seiner Zuneigung zunehmend vereinnahmt, auf seine Zuneigung zu dem „Gegenstand" eingeschränkt, den er wiederum durch „Flucht in die Distanzlosigkeit" oder „Nähe" zu vereinnahmen glaubt.

Die hier aufgezeigten Grenzen zwischen den verschiedenen Arten, sich Personen oder Dingen zu-zuneigen, sollen nicht darüber hinwegtäuschen, daß sie artifiziell gesetzte Konstruktionen sind. So kann die Verliebtheit jederzeit in eine Distanz ermöglichende Zuneigung umschlagen, die Zuneigung zur Liebesleidenschaft sich steigern, die Liebesleidenschaft in einer leichten Verliebtheit abklingen. Die Liebesleidenschaft wiederum schließt Distanz zu dem Geliebten keineswegs aus, aber das Erleben der Distanz, die den anderen plötzlich im Licht kritisch-sichtender Reflexion zeigt, ist häufig mit einem Erkalten oder doch einer Abkühlung der Leidenschaft verbunden. Sie vermag aber im nächsten Augenblick wieder aufzuflammen.

### d) Weitere Möglichkeiten der Entstehung spontaner Liebe (Ergriffen-Werden)

Zu den aus der Liebe auf den ersten Blick sich ergebenden Entwicklungen zu Verliebtheit oder zu Liebesleidenschaft gibt es Parallelen einerseits in der Entwicklung ähnlichen Erlebens bei schon länger bestehendem, vertrautem Umgang, andererseits in der ausschließlichen oder überwiegenden Beschäftigung mit einem Menschen auch in der Phantasie.

Das erste ist in kameradschaftlichen Verbindungen z. B. aufgrund ideologischer Gemeinsamkeit, in Ferienlagern, unter Kursteilnehmern oder in Wohngemeinschaften zu beobachten. Aber auch in ganz alltäglichen Arbeitsbeziehungen, wie die Situation am Arbeitsplatz sie mit sich bringen, ereignet es sich, daß aus bekannt-vertrautem Kontakt plötzlich Verliebtheit wird. Zur „Liebe auf den ersten Blick" kann es in Reisegesellschaften und bei belanglosem „Informationsaustausch" kommen oder weil man in demselben Häuserblock wohnt. Miteinander bekannte Menschen, die durch Gewohnheiten bereits aufeinander abgestimmt, aufeinander „eingespielt" sind, deren Beziehung bis dahin unverbindlich-sachlich, vom Alltag geprägt ist, verlieben sich auf einmal ineinander. Es wird einer für den anderen plötzlich Anlaß zu einer „Liebe auf den ersten Blick". Nicht die unbekannte, nie gesehene Gestalt, die plötzlich überraschend in eine bestehende Situation eintritt und durch ihre Erscheinung spontane, überfallartige Ergriffenheit weckt, sondern ein gewohnheitsmäßig vertrauter Mensch löst im anderen eine unvorhergesehene Antwort aus. Dieser sieht die „gute Bekannte" oder den „guten Bekannten" plötzlich „mit ganz anderen Augen". Nicht mehr die Arbeitskollegin oder der Kursteilnehmer wird wahrgenommen, nicht mehr der Mitarbeiter oder der Vorgesetzte am Arbeitsplatz, der in Jahren gemeinsamer Tätigkeit fast wie ein Büromöbel bekannt, vertraut und abgenutzt schien. Plötzlich in einem anders einfallenden Licht, in der Dämmerung, bei einem Tanzvergnügen, unter Alkoholeinwirkung, auf einem Ausflug oder bei einer bestimmten Bewegung erscheint der Mensch vielmehr verändert. Er ist der grauen Alltäglichkeit entrückt, von dem erregenden Glanz umgeben, der ihm von einem Augenblick zum anderen jene Einzigartigkeit und Besonderheit verleiht, die ihn aus allen anderen Menschen der Umgebung hervorhebt und mit denen die „Liebe auf den ersten Blick" den erwählten Partner auszeichnet. Jetzt ist er nicht mehr der Mitarbeiter K., die Kollegin U., der Bürovorsteher H., die Sekretärin L. Sondern er ist ein Wesen, das beunruhigt, dessen Nähe Herzklopfen auslöst, vielleicht sogar einen Schweißausbruch, Zittern der Glieder, Verlegenheit, vorher nie zu bemerkende Sprachstörungen wie Stottern. Kurz und gut – alle Anzeichen der „Liebe auf den ersten Blick" treten auf. Aus der gewohnten, neutral-indifferenten Beziehung wird von einem Augenblick zum anderen eine Verliebtheit, die sich bei dem einen zur Leidenschaft steigert, die bei dem anderen nach wenigen Tagen wieder abklingt. Bei einem Dritten jedoch, abhängig von der jeweiligen Temperamentslage und Grundstimmung, stellt sie sich nicht von einem Augenblick zum anderen ein, sondern ergreift ihn allmählich, über die Wiederholung ähnlicher Augenblicke, dann aber um so intensiver.

Neben die „Liebe auf den ersten Blick", die aus solchen Konstellationen situativer und persönlicher Art entsteht, treten jene imaginären Liebesbeziehungen, wie sie insbesondere zur Pubertät gehören. In ihr ist der geliebte Partner als wirkliche Person häufig unbekannt, real nicht existent, meistens ein „Geschöpf der Phantasie". Er wird vielleicht nur einmal wahrgenommen und ist zudem ganz und gar unerreichbar (Filmhelden, Lehrer, Verheiratete – die beiden letzten allerdings dürften heute nicht mehr als unerreichbar angesehen werden). Der Umgang mit diesen imaginären Geliebten vollzieht sich überwiegend in der Phantasie, die den einen zu Höhenflügen emporträgt, den anderen unter selbstquälerischen, z. B. sinnlich-erotischen Vorstellungen leiden läßt. Von der Phantasie erzeugt, von der Wirklichkeit bestenfalls angeregt, sind diese Wesen der Imagination in wesentlich höherem Maße willkürlich verfügbar als reale Personen. Damit eignen sie sich ganz besonders zu Spiegelbildern eigener Stimmungen, Launen, Befindlichkeiten. Der Umgang mit diesen Chimären – die die Psychoanalyse als narzißtisch, d. h. als auf den eigenen Leib oder das Selbst bezogen, disqualifiziert – ist jedoch ein Sich-selbst-Erschließen, ein Sich-Entdecken in den eigenen produktiven Möglichkeiten. Über die Phantasie kann sich vertiefte Selbstwahrnehmung, Selbsterkenntnis und Selbsterweiterung ereignen.

## e) Das gegenseitige Sich-Ergreifen-Lassen

Daß die „Liebe auf den ersten Blick" gegenseitig ist, gleichzeitig auftritt, ist zu beobachten, kommt jedoch selten vor. In den meisten Fällen ist vielmehr der eine Partner dem anderen im „Feuerfangen" einen Schritt voraus. Die im Volksmund als „magisch" oder „telepathisch" umschriebene Gleichzeitigkeit des Zueinander-in-Liebe-Fallens, dürfte sich einer verständlichen Erklärung letztlich ebenso entziehen, wie das häufiger vorkommende zeitliche Nacheinander des Sich-Verliebens. Aber auch für die spontane Gleichzeitigkeit des Ergriffenwerdens sollen jetzt nicht mögliche Hypothesen aufgestellt werden, um sie zu erklären. Vielmehr seien Art und Weise dargelegt, wie es zur Gegenseitigkeit einer Liebesleidenschaft oder Verliebtheit kommt.

Die üblicherweise Werbung genannte Aktivität des Partners, der zuerst die Regungen einer „Liebe auf den ersten Blick" verspürt, weckt in dem anderen ähnliches Fühlen, ähnliche Erregtheit, indem der erste sich als Verliebter oder „In-Liebe-Entbrannter" mitteilt. Er „signalisiert" sich als Liebender (wie die Verhaltensforscher formulieren würden), indem er seinen Zustand kundtut, ihn damit aber auch in geheimnisvoller, nicht zu erklärender Weise auf den anderen überträgt. Diese Übertragung kann vorläufig nur als „Gefühlsansteckung"[1] bezeichnet werden. Zugleich bemüht sich der Werbende in besonderer Weise um den Umworbenen und weckt damit bestimmte Erwartungen. Daß in diesen Bemühungen, zumindest in der abendländischen Zivilisation, Erwartungen geweckt werden, die für das betreffende Individuum bereits in der Kindheit von Bedeutung waren: die Erwartung im Mittelpunkt zu stehen, verwöhnt, beschützt, behütet, umsorgt, aber auch sinnlich erregt zu werden, haben Psychoanalyse und Psychologie in gewissen Grenzen wahrscheinlich gemacht. Sie halten diese Erlebnisse, die ohne Zweifel in jeder Liebesbeziehung mitschwingen, jedoch zu Unrecht für den ausschließlichen Grund von Liebe.

Des weiteren werden Erwartungen hervorgerufen, die insbesondere durch die Romantik, aber auch schon durch die Aufklärung zu Einstellungen erst des Bürgertums, dann auch der „unteren" Bevölkerungsschichten geworden sind. Das zählt zu den Verfeinerungen des allgemeinen Liebesempfindens, wie diese sich im Lauf einer historischen Entwicklung zeigen. In deren Verlauf wurden z. B. Lebensgewohnheiten, Sitten und Gepflogenheiten

---

[1] Zu diesem Begriff s. insbesondere Max Scheler, Wesen und Formen der Sympathie, Frankfurt am Main 1948.

des Liebeserlebens der feudalen Schichten, ihr zunehmendes Raffinement in Liebesdingen, von den übrigen Schichten übernommen. Andere Erwartungen, die während der Werbung geweckt und verstärkt werden, sind z. B. jene, die sich auf materielle Versorgung richten. Nicht weniger selten anzutreffende Ziele sind jedoch emotional-moralischer Natur, so die Erwartung von Anteilnahme, Verstehen, geistig-seelischer Kommunikation, Übereinstimmung in Dingen leiblich-sinnlichen Austausches, im Fühlen, in Sympathien und Antipathien anderer Menschen gegenüber. Übereinstimmung aber auch in weltanschaulichen Fragen, in Ordnungsbezügen (moralische Normen) und Orientierungen innerhalb der jeweiligen Gesellschaft, im Beruflichen ebenso wie in verwandtschaftlichen und ökonomischen Verhältnissen.

Diese und andere Erwartungen wurden – zumindest in den vergangenen Jahrhunderten bürgerlicher Kultur – in der umworbenen Frau geweckt und durch entsprechendes Verhalten des werbenden Mannes gefördert. Zu den Erwartungen des männlichen Partners der Frau gegenüber gehörten außer der Möglichkeit, seine erotischen Bedürfnisse „legal" erfüllen zu können, Mütterlichkeit, Kameradschaft, Verständnis, emotionale Wärme. Als ebenfalls kulturgeschichtlich mitbedingte Einstellungen der Frau gegenüber waren sie von großer Wichtigkeit und sind sie es zu einem erheblichen Teil auch heute noch.

In dem Geschehen, das hier als „Liebe auf den ersten Blick" beschrieben wurde und das sich auf den anderen als ähnlich erlebtes Ergriffen-Werden auswirkt, lassen sich also allgemein-unspezifische, diffuse Erwartungshaltungen auf Nähe, Zuneigung, Sinnlichkeit von spezifischen trennen, in denen gesellschaftlich-historisch mitbedingte Erwartungsvorstellungen eine Rolle spielen. Die allgemein-diffusen Erwartungen gehen letztlich auf Aufhebung der Einzelexistenz, Aufhebung des Getrennt-Seins als eines „Urtraumas" aus. (Trennung z. B. von den ersten Pflegepersonen in der Kindheit, meistens der Mutter.) Es sind Erwartungen, die darüber hinaus die Möglichkeit und den Wunsch einschließen, mit dem anderen sich eins zu fühlen und damit jede Einzelexistenz und Trennung zu überwinden, sich in „absoluter Nähe" mit ihm zu verbinden, gegen jede weitere Trennung für immer gefeit zu sein. Diese Hoffnungen werden von dem Liebenden geweckt, der dem anderen im Bemühen, dauernde Nähe herzustellen, Vereinzelung aufzuheben voraus ist. Denn er wird von den gleichen Hoffnungen und Erwartungen bewegt – wie der Umworbene. Diesen unbestimmt-diffusen Erwartungen folgen die dargestellten besonderen, wobei die Trennung in „primär" und „sekundär" im Grunde künstlich ist.

Die Liebe, als ein (bei aller Notwendigkeit der Differenzierung nach der Art ihres Erlebens und ihrer Selbstdarstellung) universelles menschliches Phänomen ist dies eben deshalb, weil in ihr der Impuls zur Aufhebung trennender Vereinzelung als ein allgemein menschliches Phänomen wirksam ist. Diesem Impuls dürften die sog. „irrationalen" Erwartungen auf Einheit, Identität mit dem anderen entstammen. Das „Seid umschlungen, Millionen" des enthusiastischen Dichters spricht aus, was der Liebe und der Sehnsucht nach ihr entscheidend zugrunde liegt, was Liebe überhaupt zu Liebe macht: Aufhebung der Einzelexistenz im „umschlungenen" anderen.

Die Zusammenhänge, die hier anthropologisch-psychologisch beschrieben wurden, sind dem Liebenden und dem Geliebten in den meisten Fällen nicht „bewußt". Diese sind im Geschehen, erleben es, sind ihm ausgeliefert, es hat sie ergriffen. Aus dieser Perspektive wird verständlich, daß der Partner, der einen Schritt zurück ist, der von dem zuerst Liebenden umworben wird, das Geliebtwerden nicht nur als einen lang ersehnten Wink erlebt, die individuelle Existenz als ein quälendes Kleid abzulegen, um sich in leidenschaftlicher Zuneigung gemeinsam mit dem anderen seiner Individualität zu entledigen. Geliebtwerden kann sich zugleich zu einem drohenden Sog der Vernichtung für den Geliebten entwickeln, dem dieser sich mit aller Macht entziehen möchte. Die Liebe kann zu einem Zwang werden, der aufbegehren läßt, der zu Flucht und Abwehr Anlaß gibt, eben weil sich der Liebende als Überfallener, Überwältigter, in seiner Existenz in Frage gestellt fühlt und er diese Vorgänge als Vernichtung eben dieser Existenz erlebt.

Im Kampf gegen das Geliebtwerden wehrt sich die Person gegen die Aufhebung ihrer Einzelexistenz, die sie andererseits abschütteln möchte. Sie kämpft gegen die Auslieferung an ein unübersehbares, nicht zu beherrschendes Schicksal, gegen Konsequenzen, die zu tragen sie nicht bereit ist (z. B. Konsequenzen auch wirtschaftlicher, familiärer, weltanschaulicher Art, die dem elementaren Sich-Wehren gegenüber freilich sekundär erscheinen). Sie wehrt sich gegen das sinnliche (erotisch-sexuelle) Erleben, das unvermeidlich auf sie zukommt, sie wehrt sich gegen die geweckten Erwartungen und Hoffnungen, weil sie deren Wirklichkeitsferne spürt. Je stärker die Abwehr, desto näher scheint jedoch der Umschlag in das schicksalhafte Gewähren-Lassen, in das Nachgeben, Sich-Fallen-Lassen, Ergriffen-Werden durch Auslieferung an den anderen.

Schon in den Anfängen einer auf Liebesleidenschaft intendierenden Begegnung wird somit ein Konflikt sichtbar, ein Kampf, der sich nicht nur gegen den Partner richtet, sondern der die eigene Person meint, die sich gegen mögliches Ergriffen-Werden, gegen mögliche Abhängigkeit wehrt.

Von diesem Konflikt abgesehen, mit dem darüber hinaus sehr häufig die Problematik von Bindungssuche und Bindungsflucht zusammenhängt, zeigt sich im Nacheinander einer Liebesbeziehung der meistens unauflösbar in die Begegnung eingeschmolzene Gegensatz zwischen dem „mehr Liebenden" (dem werbend sich Bemühenden) und dem „weniger Liebenden", d. h. demjenigen, um den geworben wird. Dieser Gegensatz kann im Verlauf der späteren Entwicklung einer Liebesbeziehung zu den mannigfaltigsten Enttäuschungen führen (s. unten). Der Gegensatz schließt jedoch keineswegs aus, daß im Verlauf dieser Beziehung der ursprünglich „mehr Liebende" sich schnell zum „weniger Liebenden" wandelt und der „weniger Liebende" zum „mehr Liebenden". Die Abhängigkeiten mit allen daraus sich ergebenden Fatalitäten können wechseln.

### f) Liebe als „Naturereignis"

Dieses Kapitel ist mit „Liebe als Ergriffen-Werden" überschrieben worden, um das sowohl der Ratio (Vernunft/Verstand) als auch der Willkür entzogene Wesen der spontanen Liebeszuneigung zu kennzeichnen. „Man" wird von ihr ergriffen, und zwar in nicht vorauszuberechnender Weise. Das „Es" ihres pathisch-schicksalhaften Verlaufs geben der „Liebe auf den ersten Blick" den Charakter eines Naturereignisses, soweit ein solches unvorhersehbar eintritt oder sich allenfalls durch Zeichen ankündigt. Als Naturereignisse sind alle Wachstumsvorgänge, Stoffwechselprozesse, morphologischen Veränderungen zu bezeichnen. Zu Naturereignissen zählen aber auch Naturkatastrophen, die entsprechende Umwandlungen morphologischer Art zur Folge haben, ebenso etwa Gen-Mutationen der Evolution. „Naturereignis" deutet auf den naturhaft anmutenden Ablauf vieler Liebesbeziehungen, die mit Anfang, Höhepunkt und Ende an vegetative Erscheinungen eben des Wachstums erinnern, aber auch an das Entstehen und Vergehen von Kulturen, deren Blütezeit und Niedergang, wie es sich der kulturmorphologischen Sicht darstellt. „Naturereignis" deutet auf den nicht zuletzt leibhaften Charakter der Liebesbeziehung, die ohne früher oder später einsetzende Beziehung zur Sinnlichkeit nur ganz selten vorkommt.

Im Begriff „Naturereignis" wird der pathische Ablauf, das nicht ohne weiteres zu steuernde Geschehen des Ergriffen-Werdens noch einmal zusammengefaßt.

## II. Die Welt der Liebenden

*a) Existenzintensivierung*

Verliebte und von Liebesleidenschaft Ergriffene erfahren eine erhebliche Intensivierung ihrer Existenz. Und zwar sowohl in ihren Glücksempfindungen, der Gehobenheit ihrer Stimmung, als auch im Leid- und Schmerzerleben, in der Verstimmung im Sinne der Melancholie. Diese Sensibilisierung der gesamten seelischen Verfassung, die sich auch in einer gesteigerten Empfindlichkeit und Verletzlichkeit dem Partner wie der näheren Umgebung (Familienangehörige) gegenüber zeigt, gibt z. B. der monotonen Alltäglichkeit stereotyper beruflicher Tätigkeiten häufig neue Impulse. Diese können sich als verstärkte Zuwendung zur Arbeit, erhöhte Beteiligung, verstärktes Engagement zeigen, weil die Arbeit mit einem anderen Sinngehalt geleistet wird. Sie wird im Bezug auf den Partner ausgeführt. Sei es, daß während der Arbeit an ihn gedacht wird, daß sein Bild vor dem inneren Auge auftaucht oder immer wieder beschworen wird und sich dadurch die Stimmung der Arbeit gegenüber hebt; diese gehobene Stimmung steigert Aufmerksamkeit, Konzentration und Leistungsfähigkeit zunehmend. Sei es nur, daß in die Arbeit ökonomische Momente mit einfließen: es wird „lieber" gearbeitet, um die materielle Basis für ein mögliches Zusammenleben mit dem Partner zu erstellen.

Die Existenzintensivierung zeichnet sich ferner durch verstärkte Kommunikations- und Kontaktbereitschaft anderen Personen gegenüber aus. Die Bestätigung, Gegenliebe gefunden zu haben, umgibt das Selbstbewußtsein mit einer „Erfolgsaura". Kontaktschwierigkeiten und Gehemmtheiten, schüchterne Zurückhaltungen, die früher vielleicht bestanden haben, treten im Erleben der Gegenseitigkeit einer Liebesbeziehung in den Hintergrund – als ob diese ein Tor zur Kommunikation überhaupt eröffnet hätte. Daß diese verstärkte Fähigkeit zur Kommunikation mit der Umwelt mit gesteigerter Verletzlichkeit, Empfindsamkeit, einer gewissen euphorisch-heiteren Hektik und Unruhe, dann aber auch wieder mit Zerstreutheit, Nachlassen gerade von Konzentration, Aufmerksamkeit und Leistungsfähigkeit verbunden ist, spricht nicht gegen die allgemeine Existenzintensivierung im Sinne einer gesteigerten und vertieften Erlebnisfähigkeit. Die Intensivierung zeigt sich darüber hinaus in einer allgemeinen Steigerung der Vitalität und des Leistungsvermögens: um den Partner wiederzusehen, der womöglich in einer verkehrsungünstigen, abgelegenen Gegend lebt, werden keine Strapazen gescheut – auch solche nicht, die vor der Liebesbeziehung kaum denkbar waren. Beide Partner erleben durch das sinnlich-erotische Verlangen und dessen Stillung eine Zunahme an Vitalität, worüber sie nicht nur berichten, sondern die auch der Umwelt auffällt. Das Moment des Eroberns, Imponierens, Gelten-Wollens als Antwort auf die Besitzergreifung durch den anderen, als Teil der Werbung, kräftigen die Physis – die Verhaltensforscher weisen auf beobachtete ähnliche Vorgänge in der Tierwelt hin.

Nicht zuletzt wird die Existenzintensivierung in der zumindest vorübergehenden Veränderung von Charakterzügen und Grundeinstellungen selbst bei sog. Charakteropathen sichtbar: Der Geizige wird plötzlich spendabel, der abgekapselte, selbtbezogene Egozentriker beginnt sich um den anderen zu kümmern, er macht sich Sorgen um dessen Wohlergehen, dessen Zukunft, sein heute schlechtes Aussehen. Der Ängstlich-Gehemmte wird kühn und überspringt seine Gehemmtheiten, der aggressive Draufgänger wird lenkbarer und sanftmütig, der Negativist und „Meckerer" beginnt zu bejahen und Positives zu sehen.

Die Existenzintensivierung, die sich in diesen Veränderungen äußert, zeigt eine zunehmende kommunikative Aufgeschlossenheit und Offenheit, ein Vermögen, insbesondere Vertrauen „auf Vorschuß" zu geben und dieses dann auch in der Umwelt zu entdekken. Bei dem einen wird ferner in der Liebesbeziehung selbst – scheinbar im Gegensatz jetzt zum eben Gesagten – ein ausgeglichen-ausgewogeneres Verhältnis zu sich selbst sichtbar, da er sich angenommen, verstanden und geborgen fühlt. Der andere jedoch wird – zumindest vorübergehend – reizbarer, aggressiver, intoleranter, insbesondere wenn es ihm noch nicht gelungen ist, an das Ziel seiner Wünsche und Erwartungen zu gelangen. In allen Fällen aber führt Verliebtheit nicht weniger als Liebesleidenschaft zur Übersteigung (Transzendierung) der alltäglichen Existenz, gleichgültig wie die berufliche Festlegung, das Herkommen oder auch die ideologische Orientierung oder Bindung ist.

Die Existenzintensivierung äußert sich nicht zuletzt in entsprechenden körperlichen Veränderungen: Der Gang wird straffer, die Durchblutung der Haut stärker, das Auge glänzt, die Sinne scheinen in ihrer Wahrnehmung schärfer zu werden.

*b) Traumhaftigkeit, Verzauberung, Verzückung, Verklärung und Entrückung*

In der Bestätigung durch gegenseitige Zuneigung, insbesondere wenn es zu den ersten körperlich-sinnlichen Kontakten kommt, wandelt die Welt sich zu einer zunehmend irreal-traumhaften. Die ersten körperlichen Kontakte, die ersten Umarmungen, der Kuß, das Sich-Umfassen, Umgreifen, Umschließen, An-sich-Ziehen des anderen, das Erleben der Nähe, die Entgrenzung der eigenen, begrenzten Person zu der des anderen, verleihen der Verbindung in dieser Phase jenen rauschhaften Charakter, den Plato als „erotischen Wahnsinn" bezeichnete, der aber mit der „Erotomanie", von der Psychiater sprechen, nicht identisch ist.

Vom Glücksrausch umfangen, immer wieder die leibhafte Nähe des Geliebten erlebend, erscheint die Welt dem Liebenden zunehmend traumhaft-entrückt. Geräusche werden kaum noch beachtet, das Sichtbar-Gesehene überflogen und nicht mehr in allen Einzelheiten wahrgenommen. Dafür treten Tasten, Schmecken, Riechen, das leibhafte Erfühlen des anderen in den Vordergrund, d. h. die Sinne, denen der perspektivisch-vorgegebene Bezug zur dreidimensionalen Räumlichkeit (Gesicht) und zum Nacheinander in der Zeit (Gehör) weniger deutlich anhaftet. Damit entzieht sich die Wirklichkeit, wird sie zunehmend zum Traum. Sie wird insbesondere dann zum Traum, wenn die Möglichkeit der Gegenliebe, der Bestätigung der eigenen Zuneigung noch den Charakter des Unglaubhaften, des „Wunders", des Nicht-Voraussehbaren, d. h. des Traumhaft-Überraschenden hat.

Die Konturen der Gegenständlichkeiten beginnen zu verschwimmen, sich aufzulösen, der Gang wird zum Schweben. Plötzlich glauben die Liebenden „wie vom Lebensstrom getragen" zu werden – aus der traumhaften Verfassung entsteht das Gefühl triumphalen Selbstbewußtseins: „Uns kann nichts trennen", „Uns kann nichts passieren". Die Ekstase der Dauer kündigt sich an: „Unsere Liebe ist ewig" oder (bescheidener) „soll ewig dauern". Dieses Erlebnis, immer wieder von Dichtern beschrieben und besungen, faßt Shakespeare in dem berühmten Sonett CXVI zusammen:

> Nichts löst die Bande, die die Liebe bindet.
> Sie wäre keine, könnte hin sie schwinden,
> weil, was sie liebt, ihr einmal doch entschwindet;
> und wäre sie nicht Grund, sich selbst zu gründen.
> Sie steht und leuchtet wie der hohe Turm,
> der Schiffe lenkt und leitet durch die Wetter,

der Schirmende, und ungebeugt vom Sturm,
der immer wartend unbedankte Retter.
Lieb' ist nicht Spott der Zeit, sei auch der Lippe,
die küssen konnte, Lieblichkeit dahin;
nicht endet sie durch jene Todeshippe.
Sie währt und wartet auf den Anbeginn.
Ist Wahrheit nicht, was hier durch mich wird kund,
dann schrieb ich nie, schwur Liebe nie ein Mund[1].

In dieser Verfassung wird die traumhaft entrückte, in ihrer Konturierung sich auflösende Welt zu einer verzauberten.

Die Verzauberung ist Entfremdung. Der vertraute Wald ist im Winter, wenn die Bäume mit Schnee beladen sind, „verzaubert". Er ist dann nicht mehr der Alt-Vertraute, im Sommer grüne, im Herbst goldrote, sondern jeder Ast, jeder Zweig, jede Baumspitze hebt sich weiß und ziseliert vom Hintergrund ab. Er schließt den Wanderer in ein silbernes Labyrinth tausendfach glänzender Verästelungen und Verzweigungen ein.

Als nicht mehr Vertrauter ist der Wald entfremdet, als verzauberter wird er zur Darstellung einer erhöhten, unbekannten Daseinsform, die in ihrer gedämpften, schweigenden Abschließung und Abschirmung von der bisherigen Umwelt geheimnisvoll und rätselhaft erscheint. In der Verzauberung wird die durch den „Zauberstab" plötzlich herbeigerufene Verwandlung von einem Augenblick zum anderen sichtbar, denn nach dem Schneefall ist der Wald nicht mehr der alt-bekannte. Die Schritte erklingen auf dem Waldboden entfernt, die Stimmen umgibt kein weittragendes Echo, die Atmosphäre wirkt hier leicht und gelöst, dort eigentümlich im Schnee vergangen und begrenzt. (Der Leser möge sich der Schilderungen der Winterlandschaften bei Adalbert Stifter erinnern, der die winterliche Verzauberung einfing.)

Diese Verzauberung der Welt erfahren auch die Liebenden, jeder auf seine Art. Sie entwickelt sich aus dem traumhaft-schwebenden, die Wirklichkeit zunehmend entwirklichendem Wesen der leidenschaftlichen Zuneigung. Die verzauberte Welt ist die erhöhte Welt. Der Zauberwald kann sich in ein Dickicht gegenseitiger Überraschungen von Schrecken und Gefahren verwandeln, aber auch in unvermuteten Lichtungen und Schonungen, mit freundlich äsenden Tieren. Er ist der Zauberwald, den Merlin durchstreifte, insbesondere wenn die Sinnlichkeit entdeckt wird und die Beziehung damit plötzlich neue Perspektiven erhält. Mit anderen Worten: die Verzauberung betrifft die Beziehung zur Welt, weil die Liebesbezie-

---

[1] W. Shakespeare, Sonette. Übersetzt von Karl Kraus, München 1964.

hung die Partner „verzaubert", weil sie sich in ihrer Verbindung
wie in einem Zauberwald verirren und wiederfinden, ihre gemeinsame Welt als verzauberte entdecken. Die gemeinsame Entdeckung
alltäglicher Begebenheiten, von Arbeit, einer Landschaft, eines
Kunstgegenstandes, eines Buches, eines baufälligen Gebäudes ist es
dann, die, vom überraschenden Rausch körperlicher Nähe getragen, über das Erleben gemeinsamer Verzauberung hinaus die bisher vertraute, ja langweilige Welt verzaubert. So verweisen sich
die Partner auf längst bekannte Dinge, die ihnen jetzt wie zum
ersten Mal in neuem, „verzauberten" Glanz erscheinen, weil durch
ihre Gestimmtheit die Welt zu einem Zaubergarten geworden ist.
„Verzauberung", im Rausch körperlicher Nähe immer wieder bestätigt, bedeutet zweierlei: daß die Beziehung den Charakter der
„Verzauberung", des „Zauberhaften" annimmt, im Sinne der
Entfremdung ebenso wie der Erhöhung; und daß aus der Art dieser Beziehung auch Umwelt und Welt „verzaubert" erscheinen.
Aus der veränderten Beziehung zur Welt gewinnen Personen und
Gegenstände eine veränderte Bedeutung. Die veränderte Beziehung zur Umwelt folgt der euphorisch-schwebenden Stimmungslage bei glückhaften Konstellationen: der tyrannische Vater erscheint milde, die krittelnde Mutter bejahend, der ehrgeizige Mitarbeiter bescheiden, der überfreundliche Kaufmann unauffällig,
weil sich im Erleben der Verzauberung die Grundbeziehung zur
Welt positiv verändert hat. Infolge dieser positiven Veränderung
haben erst Personen, dann aber auch Dinge, Gegenstände in Woh-
nungen, Häusern, Städten eine positive Bedeutung erhalten. „Positiv" heißt nicht allein, daß sich die Kritikfähigkeit reduziert
hat und der Verliebte alles „durch die rosa Brille sieht". Es heißt
vielmehr: durch die primär bejahende Zuwendung zur Welt wird
die Umwelt zunehmend oder überwiegend als zu bejahende wahrgenommen. Negativ-Belastendes dagegen wird nicht oder nur un-
bestimmt erblickt. Dadurch kann bejaht werden, was vorher aufgrund einer anderen Stimmungslage und einer anderen Grundbeziehung zur Welt anders – z. B. negativ – gesehen und bewertet
wurde. In der gewandelten, durch die Liebesleidenschaft sich verändernden Grundbeziehung zur Welt wandelt diese ihre Bedeutung, sie wird zu einer Verzauberten. Zwar stellt sie sich nicht für
die ganze Dauer der Liebesbeziehung so dar, in Höhepunkten der
Nähe aber, vor allem wenn diese das Erleben gegenseitiger Identitätsfindung vermittelt, erscheint sie entsprechend verzaubert.
Die Steigerung der Traumhaftigkeit zur Verzauberung, der Verzauberung wiederum zur Verzückung, Verklärung und Entrük-
kung in einer Liebesbeziehung gehört zu den Höhepunkten des

Liebeserlebens. Der Verzückung entspricht die Glücksekstase, wie sie z. B. von Malern des Manierismus, vor allem von El Greco, aber auch von Pontormo festgehalten wurde. In der Verzückung unterliegen die Liebenden der Verzauberung durch die – vermeintliche – Identitätsfindung der eigenen Person im anderen. Das im Lieben und Glückserleben sich auflösende „Ich" ist nicht nur am und über den anderen entzückt, sondern es vermag nicht mehr zu der Wirklichkeit der Beziehung zurückzukehren, die sich ihm entzieht. Aus der „Entzückung" wird die „Verzückung": das Beharren, Verweilen, das Andauern eines „beseligenden" Zustandes, der mit einer auffallenden Erstarrung auch des übrigen Verhaltens verbunden ist, wie eben die Manieristen ihn festzuhalten wußten.

In der Entzückung ist der oder die Entzückte ganz in den Bann der Erscheinung des anderen geraten. Bezauberung durch sein Haar, seinen Mund, eine Handbewegung, die Art zu sprechen, läßt ihn sich selbst, die eigenen Probleme, die eigene Wirklichkeit vergessen. Mögliche Gegensätze zwischen den Liebenden werden nicht mehr wahrgenommen, sie sind ausgeblendet, an ihre Stelle tritt eben die Entzückung als Auslieferung an die Erscheinung des anderen. Diese ergreift von dem Entzückten Besitz, besitzt ihn, er ist von ihr erfüllt, beseligt und besessen.

Während in der Entzückung über das in der Erscheinung sich Darstellende hinaus noch ein Spielraum an Freiheit zu möglicher Abwendung, Kritik und Distanzfindung erhalten bleibt, gibt es in der Verzückung diesen Spielraum nicht mehr. Der andere, nicht nur in seiner Erscheinung (die für die Entzückung ausschlaggebend ist), sondern seine Person selbst ist an die Stelle der eigenen getreten. Dies kann sich als gleichzeitig-wechselseitiger Vorgang ereignen oder auch nur von einem allein erlebt werden.

Die eigenartige Starre des Verhaltens, die an der Verzückung zu beobachten ist, zeigt z. B. sich in der Übernahme spezifischer Verhaltensformen und Gewohnheiten des anderen. Nicht nur, daß seine Ansichten und Überzeugungen zu eigenen gemacht, daß seine Lebensgewohnheiten beim Essen, Trinken und Schlafen übernommen werden. Sogar ganz spezielle Details des Verhaltens werden in übertrieben-verzerrter, ja preziöser Weise übernommen: Wie der andere auf Fußspitzen einen bestimmten Raum betritt, wie er sich die Schuhe anzieht, wie er den Bleistift hält usf. Das heißt, es werden Angewohnheiten übernommen, die Erstarrung implizieren, hochstilisiert sind und Manieriertheiten sein können. Das verleiht Liebenden den eigentümlichen Charakter des Bizarren, Verstiegenen, manchmal auch des Schrulligen und Einmaligen.

Diese sich im Verhalten äußernde Verzückung ist von derjenigen zu unterscheiden, zu der es im Orgasmus kommen kann – im gemeinsam erlebten oder im nacheinander vollzogenen –, in dem für Augenblicke intensivster Existenzsteigerung „die Welt wie vom Blitz getroffen stillsteht". Schon die Verzauberung der Welt entwickelte sich aus der zunehmenden Intensität der Beziehung, durch das Erschließen und Entdecken insbesondere der Leibhaftigkeit des anderen. Im Orgasmus wird dann jene Unterbrechung der Kontinuität des Bewußtseins und damit die ersehnte Aufhebung des eigenen Ich vollzogen, die mit Worten wie „Glücksekstase", „ekstatischer Rausch", Ekstase im Sinne des Außer-sich-Seins umschrieben werden. Diese Begriffe deuten den Zustand an, der die sog. „Ich-Auflösung" des potentiellen Bewußtseinsverlustes ausmacht. Für die orgasmische Verzückung ist charakteristisch, daß der oder die Verzückte danach im allgemeinen nicht mehr anzugeben vermag, was im Augenblick der Verzückung eigentlich empfunden worden ist, außer daß es ein außerordentliches Glücksgefühl jenseits räumlich-zeitlicher Gliederung gewesen ist.

Dieser Zustand, der das religiöse (und mystische) Erleben streift, sei durch Zeugnisse eines Mystikers, eines Dichters sowie durch einen wissenschaftlichen Bericht ergänzend verdeutlicht:

„Und darnach fühlt er wiederum neues Berühren, und er schüttet sich wieder aus, bis alle seine Kräfte hinsinken in grenzenloser Liebe. Und dies heißt: Gott lieben und von Gott geliebt werden. Was an und für sich die Liebe sei, das kann man freilich nicht verstehen. In ihren Handlungen aber offenbart sich dieses: Liebe gibt mehr, als wie man zu fassen vermag, und mehr, als wie man bezahlen kann, heischt sie.

Der Liebe Heischen im Herzen erfüllt bisweilen die Seele wie ein zehrendes, brennendes Feuer und den Leib wie Unrast und Verwüstung und den Geist wie eine hungernde, brünstige Gier. Diese Gier der Liebe verschlingt die Inhalte der Seele zu einem lauteren Leersein ihrer selbst. Und siehe, es beginnt ein erkennendes Starren und ein minnendes Hinübergleiten in selige süße Luft: Alsbald ist die grenzenlose Liebe vollbracht" (Jan van Ruisbroeck, Die Zierde der geistlichen Hochzeit, Leipzig 1924).

„Dann lag er auf der Seite, den Kopf tief ins Heidekraut vergraben, und er roch die Blüten, die Wurzeln, die Erde, und die Sonne schien durch das Gestrüpp, und es kratzte ihn an den nackten Schultern und den Hüften, und das Mädchen lag ihm gegenüber, hatte die Augen noch geschlossen und öffnete sie dann und lächelte ihm zu, und er sagte sehr müde und aus weiter, aber freundlicher Ferne: ‚Hallo, Kaninchen.' Und sie lächelte und sagte aus gar keiner Ferne: ‚Hallo, mein Inglés.‘ ‚Ich bin kein Inglés‘, sagte er sehr träge. ‚O doch‘, sagte sie. ‚Du bist mein Inglés!‘ Und sie nahm ihn bei den Ohren und küßte ihn auf die Stirn. ‚So‘, sagte sie. ‚Wie war das? Küsse ich dich jetzt besser?‘ Dann gingen sie miteinander den Bach entlang, und er sagte: ‚Maria, ich liebe dich, und du bist so reizend und so wunderbar und so schön, und es tut mir so wohl, bei dir zu sein, daß mir zumute ist, als möchte ich sterben, wenn ich dich liebe.‘. ‚Oh‘, sagte sie. ‚Ich sterbe jedesmal. Du nicht?‘ ‚Nein. Aber fast. Aber hast du gemerkt, wie die Erde gezittert hat?‘ ‚Ja. Als ich starb. Bitte, leg deinen Arm um mich.‘ ‚Nein. Ich halte deine Hand. Deine Hand genügt mir.‘ Er sah sie an und blickte über die Wiese hin, ein jagender Habicht flog vorbei, und die großen Abendwolken stiegen nun über die Berge empor. ‚Und bei andern ist es nicht so?‘ fragte Maria. Sie gingen jetzt Hand in Hand. ‚Nein. Wirklich nicht.‘ ‚Du hast viele andere geliebt.‘ ‚Einige. Aber keine wie dich.‘ ‚Und es war nicht so? Wirklich nicht?‘ ‚Es war angenehm, aber es war nicht so.‘ ‚Und dann hat die Erde gezittert. Hat sonst nie die Erde gezittert?‘ ‚Nein. Wirklich nicht‘“ (Ernest Hemingway, Wem die Stunde schlägt).

„Der Beginn des Orgasmus wird durch ein Gefühl des ‚Stehenbleibens‘ gekennzeichnet. Dieses nur einen Augenblick anhaltende Gefühl wird von einem einzelnen Schub intensiver Empfindungen begleitet oder abgelöst, die klitorisgerichtet sind, jedoch in das Becken ausstrahlen. Die Intensität dieses Gefühls wird von manchen Frauen nach eigenem Erleben als Schock, von anderen als weniger intensiv beschrieben. Gleichzeitig wird von den Frauen eine Einengung der gesamten Sinneswahrnehmungen angegeben, parallel zur Intensität und Dauer des erlebten Orgasmus.“
ferner
„Als zweites Stadium des subjektiven Erlebens des Orgasmus wird von jeder Frau, die den Orgasmus erlebt hat, ein Gefühl der Wärmeausbreitung beschrieben, das erst nur das Becken erfaßt, um sich dann allmählich über den ganzen Körper auszubreiten.“
und
„Als drittes Stadium des subjektiven Erlebens schließlich wird immer ein Gefühl der unwillkürlichen Kontraktion in einem bestimmten Bereich der Vagina oder des kleinen Beckens angegeben. Häufig wird das Geschehen als ein ‚Pulsieren im Becken‘ beschrieben“ (Masters u. Johnson, Die sexuelle Reaktion).
Aus der Verzückung können die Verklärung und Entrückung des Liebenden, des Partners ebenso wie der Umwelt erwachsen. Über das bisher Gesagte hinaus werden in der Verklärung und Entrük-

kung die idealen Möglichkeiten des Partners, aber auch der Umwelt wahrgenommen. Was der Partner aufgrund seiner Begabung und seiner Möglichkeiten des Verstehens, der Anteilnahme, seiner Menschlichkeit (im Sinne des Humanen, bei aller historisch-gesellschaftlichen Relativität dieser Sicht) sein könnte, was die eigene oder die Umwelt des anderen vermöchte, wenn nicht diese und jene realen Gegebenheiten sie einschränkten, sie in ihren idealen Möglichkeiten begrenzen würden – das bestimmt das „ideale Bild" des anderen. Der Partner erscheint jetzt als dieses Bild, seine Person verdichtet sich zu einem bildhaft-ideal gesehenen „Typus" mit individuellen Zügen, wie das schon in ganz banalen Äußerungen wie „Sie ist eine tolle Frau", „Er ist ein gestandener Mann" zum Ausdruck kommt. Was sich in dieser Sicht abzeichnet, ist eine „Heroisierung", „Vergöttlichung" des anderen, aber auch der Umwelt. Die Sicht neigt hier zu alltäglichsten Pauschalurteilen und läßt an dem gewonnenen Bild kritiklos keinen Makel zu, sie feiert dort in gehobener Sprache in dem (oder der) Geliebten seine (oder ihre) Überhöhung zu einem idealen Bild. Der verklärte Geliebte, die entrückte Liebende verklären einander bis in die schwindelnde Höhe idealischer Bilder. Entrückt ist selbst die verzauberte Welt nicht mehr faßbar. Sie wird nicht weniger fremd als alle Wirklichkeit. Die entrückt-verklärte Welt ist allem „Zwiespalt" enthoben. Die Liebenden erfahren, was der Dichter und Mystiker Angelus Silesius formulierte:

> Wem Zeit ist wie Ewigkeit
> und Ewigkeit wie Zeit,
> der ist befreit
> von allem Streit.

Im Unterschied zu Verzauberung und Verzückung haben Verklärung und Entrückung einen nach-orgasmischen Charakter. In ihnen spiegelt sich die erfüllte Ruhe nach dem dramatischen Erlebnis der körperlichen Vereinigung, nach dem Aus-sich-gerissen-Werden des Glücksrausches. Die Verklärung wird von einer sich selbst vergessenden Beruhigung und Entspannung getragen, in der die Umwelt sich zwar wieder zeigt und strukturiert, das nachklingende, langsam verebbende orgasmische Glücksgefühl zur Grundlage eben der idealisch-verklärten Sicht des anderen wird. In der Verklärung konturiert sich der andere und die Welt, aber die Konturen werden von dem abklingenden Glücksgefühl gleichsam „vergoldet", „umglänzt". Sie verschwimmen und entschweben dem noch nicht wieder zusammengefügten perspektivischen Koordinatensystem der Wirklichkeit.

So wichtig die körperliche Begegnung für Traumhaftigkeit, Verzauberung, Verzückung, Verklärung und Entrückung auch ist: als eine zentrale Erfüllung der Verliebtheit wie der Liebesleidenschaft können diese Erlebnisse sehr wohl auch unabhängig von den einzelnen Phasen körperlicher Annäherung entstehen. Dafür sprechen zahlreiche Dokumente sog. verzichtender („frustrierter"– Liebesbeziehungen, in denen die eben aus dem Verzicht herrührende Intensität des Leiderlebens den anderen in den Perspektiven sieht, die hier als Traumhaftigkeit und Verklärung beschrieben wurden. Die religiöse Inbrunst des Mittelalters und des Barocks, in ihrer Verzichthaltung und Opfermystik einerseits, der vollen Sinnlichkeit des Erlebens andererseits, zeigen deutlich die beschriebenen Weisen des Liebeserlebens, ohne daß es für die Personen je zu einer leibhaften Annäherung gekommen wäre. Die Phantasie als eine der Möglichkeiten des Menschen, sich in die Zukunft zu entwerfen, zeigt hier ihre Kreativität, ihr Vermögen zur Vorwegnahme konkreter Realitäten – realer Liebesbeziehungen – und ihr Erschließen jener Verwandlungen, wie Liebende sie erfahren.

Eine Theorie, die glaubt, Liebeserlebnisse, die im Verzicht auf Konkretisierung entstanden sind und die sich z. B. literarisch objektiviert haben, als paradigmatisch für Verdrängung und Ersatzleistungen, für „Sublimierung" analysieren zu können, geht grundsätzlich in die Irre. Denn es ist gerade das „Geheimnis" oder „Rätsel" einer Liebesbeziehung, daß sie, ob sinnlich erlebt oder ob im Verzicht „spiritualisiert", die analogen Phasen der Traumhaftigkeit oder Verzückung zu durchlaufen vermag. Im sinnlichen Erleben dürfte von Verdrängung kaum die Rede sein, für die sublimierten Liebeserlebnisse, die sog. „Ersatzlösungen", aber wird sie verantwortlich gemacht. Tatsächlich läßt die voll sinnliche Liebesbeziehung die Partner jedoch die analogen Phasen und Erlebnisstufen durchlaufen wie die sogenannte spirituell-sublimierte Liebe, denn die eine ist ebenso spirituell wie die andere sinnlich ist. Es ist das Wesen von Zuneigung überhaupt, das heißt hier: von Verliebtheit und Liebesleidenschaft, ob mit körperlicher Annäherung und orgasmischem Rausch verbunden oder unter Verzicht auf Leibhaftigkeit, den Partner und die Welt in der dargelegten Weise zu verzaubern, zu entrücken und zu verklären.

## c) Die Vertrautheit

Ob die in ein Liebesgeschehen eingelassenen, sich ihm überlassenden Partner die verschiedenen Weisen von Verzauberung, Verzückung und Verklärung gleichzeitig erleben, ob sie diese einzeln oder ob der eine sie kaum, der andere sie intensiv erfährt, ist letzten Endes unerheblich für die in der Liebesbeziehung hervordrängende Offenheit und Vertrautheit − die Voraussetzung überhaupt der geschilderten Phasen einer Liebesbeziehung.

Das zumindest kurzfristige Erleben, vertrauen zu können, dürfte ausschlaggebend dafür sein, daß beide oder zumindesten einer der Partner jene tiefgehenden Wandlungen erlebt, zu denen eine Liebesbeziehung führen kann. Wie es zum Wecken von Gegenliebe gehört, daß eine nicht zu präzisierende Fülle von Erwartungen auf . . . geweckt wird, so zählt zu den schlechthin bestimmenden Erwartungen die, dem anderen vertrauen zu können. Ohne zu beobachtende Tendenzen zu verallgemeinern, kann man sagen, daß Menschen, die aus Umwelten stammen, in denen − aus welchen Gründen auch immer − das Mißtrauen überwiegt, schwerer zu der Vertrautheit verlangenden Liebesbeziehung finden als andere, die im vorhinein Vertrauen erfahren haben. Wird das berücksichtigt, darf die Vertrautheit − das Bedürfnis nach Gegenseitigkeit des Vertrauens − jedoch nicht von der spontanen Zuneigung getrennt werden, die in jedem Fall, d. h. auch bei vorausgegangenen negativen Vertrauens-Erfahrungen, die Möglichkeit einschließt, wieder Vertrauen zu erwarten und auch zu geben.

In der Zuneigung zu einem Menschen geht der sich ihm Zuneigende auf diesen anderen zu. Bei aller Möglichkeit der Ab- und Zurückweisung, der Verletzung und Kränkung, liegt in dem Zugehen auf den anderen aus Zuneigung das Moment, sich als ein Sich-Zuneigender, als ein potentiell Liebender oder als Verliebter zu zeigen. Und dies wiederum bedeutet, daß darauf vertraut wird, der andere, dem die Zuneigung gilt, werde diese Botschaft aufnehmen. Darüber hinaus gehört es zum Verhalten von Liebenden oder Verliebten, daß sie sich, wenn nicht ein Übermaß an ungünstigen Erfahrungen sie gebrochen und unveränderlich mißtrauisch gemacht hat, mit größter Selbstverständlichkeit und Naivität erst dem anderen, dann auch der Umwelt als „Verliebte" mitteilen, als ob ihr Sich-zur-Schau-Stellen gar nicht mißverstanden werden könnte. Sie vertrauen auf ihren „Schutzengel" oder den Gott (Dämon nach Platons Diotima!) Eros, daß ihre Zuneigung erwidert wird. In dieser Abwandlung des Vertrauens, dem Vertrauen darauf, daß die Mitteilung „Ich bin in Dich verliebt",

„Ich habe Dich lieb" richtig aufgenommen wird, und dem damit verbundenen naiven Selbstvertrauen, wird in der Zuneigung selbst das Vertrauen sichtbar, das bei Gegenseitigkeit sich zunehmend steigert. Der Liebende, stößt er nicht auf Abweisung, zeigt sich ja im Aufnehmen der Beziehung schrittweise als ein ganz bestimmter, besonderer, einmaliger Mensch. Das reicht vom Abgeben der Visitenkarte mit Titel und Vermögenseinzelheiten im vergangenen Jahrhundert bis zum ständigen Sprechen über sich selbst, um sich in seiner Besonderheit mitzuteilen, sich als Person zu enthüllen, damit schrittweise Vertrauen zu geben, das zugleich als Gegengabe erwartet wird. In diesem Stadium wird die Liebesbeziehung zunehmend zu einem gegenseitigen Sich-Entdecken, Sich-Eröffnen und Sich-Erschließen.

Sich-Entdecken: Der Partner ist in seinem Aussehen, seiner Kleidung, seinem Umgang mit sich selbst und der Welt ein Unbekannter, der allmählich zu einem Bestimmten, als ein in bestimmter Weise sich Verhaltender entdeckt wird. Als Unbekannter gibt er immer wieder Anlaß zu Überraschungen und unerwarteten Entdeckungen. Man eröffnet sich in seinen Gestimmtheiten und erschließt sich in seinen Einstellungen, Gewohnheiten, Geschmacksrichtungen oder Interessen, in seinen Meinungen, Orientierungen und Überzeugungen. Die Liebesbeziehung wird zu einem gegenseitigen Sich-Erschließen, in dem der eine wie der andere sich in seinen „intimen" Persönlichkeitsbereichen vertrauend eröffnet und die Partner sich insbesondere auch in ihrem sinnlichen Erleben erschließen, sich als sinnlich Erlebende zeigen und kennenlernen.

Gleichzeitig beginnen sie sich jedoch von Seiten zu zeigen, die nicht nur „angenehm" oder „lieb und nett" sind. Im Verlaufe des Sich-Entdeckens, Sich-Eröffnens, Sich-Erschließens wird die Beziehung zur Auseinandersetzung vor allem dann, wenn die Partner über ein gefestigtes gegenseitiges Vertrauen als Grundlage zunehmender Kommunikationserweiterung voneinander lernen, sich in ihren Besonderheiten und Eigentümlichkeiten, aber auch in ihren sozial weniger abgestimmten Eigenschaften darzustellen. In dieser beginnenden Auseinandersetzung über die Eigenschaften der Partner, die den Wunsch nach Aufhebung des eigenen Ich im anderen nicht zulassen, wird eben die gesuchte und erhoffte Identität mit dem anderen gefährdet. Die Verbindung gleitet in eine erste Krise, die allerdings auch die Chance bietet, den anderen als einen mit einem selber nicht Identischen zu bejahen. Damit kann der Lernprozeß innerhalb der Liebesbeziehung einsetzen.

Entdecken, Sich-Eröffnen und Sich-gegenseitig-Erschließen, aber auch Sich-Auseinandersetzen sind Grundweisen von Kommunikation[1]. Sie umschließen stets die Möglichkeit des leibhaften Sich-Entdeckens, Eröffnens und der leibhaften Auseinandersetzung eben mit der Leibhaftigkeit des anderen Geschlechts, mit seiner Art, sich sinnlich mitzuteilen, sich zu verschließen, abzuwehren oder sich zu öffnen. Das heißt, daß die Weisen des Entdeckens oder Auseinandersetzens stets auch körperlicher Art sind. Zum Sich-Entdecken und Sich-Erschließen gehört die Intimsphäre des Körperlichen ebenso wie die Sphäre der Überzeugung und Ansichten. In diesem Prozeß, in dem Liebende sich vertrauend gegenseitig entdecken und erschließen, setzen dann, je nach Grad der Zuneigung, die Phasen des Traumhaften, des Unwirklichen der Beziehung überhaupt, bis zur Verzückung und Verklärung ein. Die Phasen überschneiden sich: das entdeckende Gespräch wird von einem sich steigernden körperlichen Entdecken oder Erschließen z. B. im sog. Petting begleitet. Es führt dann zu gegenseitiger traumhafter Verzauberung. Aus ihr taucht das Bild des anderen, jetzt in seinen idealen Möglichkeiten gesehen, verklärt empor, um im gemeinsamen Orgasmus längst gesuchte Identität entrückt zu erleben.

Die Auseinandersetzung, die sich hier als Abwehr zeigt, dort das Bedürfnis weckt, die Abwehr zu überwinden, wird zur Verzückung oder Verklärung, wenn es zur glückhaften Vereinigung kommt. Oder es wird über die Auseinandersetzung mit dem anderen im Lernprozeß schrittweise die Basis gefunden, in der Einheit die Zweiheit zu bewahren.

Liebe schließt Vertrauen ein, Vertrauen verlangt Liebe. Vertrauen faßt die Möglichkeit in das Auge, sich dem anderen ganz überlassen zu können, sich ihm hinzugeben, ohne daß dies mißbraucht wird. Ohne daß der eine den anderen zu irgendwelchen Zwecken benutzt, ihn „manipuliert", d. h. den, der vertraut, zu einem „Werkzeug" macht, ihn zum Mittel degradiert.

### d) Abschirmung und Befriedung

Die Art der Vertrautheit, die sich zwischen Liebenden entfaltet und die im körperlich-sinnlichen Bereich den Charakter der Vertraulichkeit gewinnt, umgibt Liebende mit einem besonderen Schutz der Umwelt gegenüber. Ihr von manchen Autoren als Iso-

[1] Vgl. dazu ausführlich: Dieter Wyss, Beziehung und Gestalt, Göttingen 1973; Mitteilung und Antwort, Göttingen 1975.

lierung, Abkapselung, Regression, als asoziales Verhalten disqualifiziertes Verhalten ist der Ausdruck ihrer einzig-einmaligen Welt, in der Vertrautheit und Vertraulichkeit, die nur sie miteinander teilen, zur Grundlage ihrer zeitweiligen Entrückung aus „dieser Welt" werden. Diese Entrückung wiederum ist mit der Versunkenheit der Liebenden ineinander und ihrem daraus sich ergebenden Heraustreten aus „dieser Welt" verschränkt.

„Versunkenheit" oder „Versunkensein" lassen Bilder wie das Versinken im Brunnen, in einem See oder im Meer auftauchen. Ähnlich ist der Liebende in der Tiefe des anderen versunken. In diesem Versunkensein überläßt er sich dem anderen, ihm unbedingt vertrauend, so wie auch der andere sich in ihm verliert. Als Versunkene sind die Liebenden nicht mehr „bei sich"; sie sind entrückt und es wird sichtbar, daß Vertrautheit, Entrückung und Versunken-Sein als Heraustreten aus der Umwelt einander fordern.

Das aus Vertrautheit, Entrückung und Versunkenheit sich entwickelnde Heraustreten des Liebespaares „aus der Welt" bewirkt seinerseits ein Nachlassen des Interesses an „sozialer Verantwortung", an Ideologien, an Leistung ebenso wie an Freunden oder Bekannten und an Familienbeziehungen. „Wir sind uns selbst genug", heißt es immer wieder. Die Dreiheit von Vertrautheit, Entrückung und Ineinander-versunken-sein schließt „Welt" im Sinne vieler anderer, insbesondere sozialer Bezüge aus.

Dies, daß Liebende Vorgängen und Ereignissen ihrer Umwelt gegenüber oft weitgehend unbeteiligt bleiben – gleichgültig ob diese in einem Bombenangriff zerstört wird oder ihnen Trennung für unbestimmte Zeit bevorsteht –, läßt die Zweisamkeit der Liebe im Treiben der Welt wie eine Insel erschienen, die niemand außer den Liebenden selbst zu betreten vermag. Es ist die Hecke aus dem Dornröschen-Märchen, die sie umgibt und die sie schützt. Im Unterschied zu der Hecke des Märchens aber ist diese „Insel", die der Zweisamkeit Schutz gewährt, selbst ganz ungeschützt. Die Liebenden bewachen sie nicht mit schußbereiten Waffen, um Eindringlinge zu vertreiben – da sie sich selbst genügen, ist diese Genügsamkeit ihre Insel und ihr Schutz.

Von ihrer Umwelt nichts wollend, nichts begehrend, außer „in Ruhe gelassen zu werden", ist ihnen diese Umwelt so fern (entrückt, entfremdet), daß sie darüber hinaus nicht mehr als gefährlich oder bedrohend erlebt wird. Sie schützen sich durch den Abstand, der sie von der „übrigen Welt", trennt, sie entfernen diese – was einer Vernichtung der Umwelt gleichkommt. In der ignorierenden Abwendung von der äußern Welt, der Indifferenz ihr gegenüber, wird die Umwelt „vernichtet". Der Schutz, den Liebende sich geben, ist bei aller Schutzlosigkeit ihrer Insel – der „Insel der Seligen" vergleichbar – auch ein „Nichten" der Umwelt durch Abkehr von ihr.

Die Dreiheit von Entrückung, Vertrautheit und Versunkensein, das Inselerlebnis der Zweisamkeit, der Schutz in seiner Schutzlosigkeit, aber auch die die Außenwelt zunichte machende Abwendung schließen sich im Erleben der Abschirmung und Befriedung zusammen. Dabei handelt es sich nicht nur um eine Abschirmung von der Umwelt mit ihren Ansprüchen und Forderungen, ihrer Tätigkeit und Hektik, ihren Neigungen und dem Besserwissen von Familienangehörigen, guten Freunden und Bekannten. Auch die eigene Innenwelt in ihrer Zerrissenheit, ihrem Hin und Her, der Unsicherheit hier, dem Glücksgefühl dort, den Erfolgserlebnissen oder den „Minderwertigkeitskomplexen", mit dem Erkennen von Zusammenhängen und dem ausbleibenden Handeln – die ganze Widersprüchlichkeit der menschlichen Existenz wird gegen die Umwelt abgeschirmt.

Treten Außen- und Innenwelt als disharmonische Faktoren infolge der Abschirmung zurück, dann wird der andere, der Geliebte und Liebende zum ausschließlichen Mittelpunkt der Welt. Er wird immer wieder angeschaut, der Blick versinkt im Gegenblick, die zarte Gebärde des Streichelns ist wie eine magische Geste, die einen Kreis um die Schutzlosen zieht. Vertrautheit, Entrückung und Versunkensein sind in dieser Dreiheit möglich, weil an die Stelle der eigenen Existenz und der Außenwelt der andere getreten ist. Dabei wird der zum Mittelpunkt gewordene andere zum Schirm, der gegen die Umwelt abschirmt, der gegen alles abzuschirmen vermag, nur nicht gegen den Geliebten. Gemeinsam und gleichzeitig einander zum Mittelpunkt der Existenz zu werden, heißt einen Schutzwall errichten, der die Liebenden ganz und erfüllt bei sich, d. h. beieinander sein läßt. So lange diese Abschirmung andauert, wächst der Friede mit der Umwelt. Da sie nicht mehr wahrgenommen wird, wächst die Befriedung, über die bloße Befriedigung hinausgehend, in der Erfüllung der gegenseitigen Abschirmung.


*e) Bejahung und Für-den-anderen-da-sein*

Gegenseitiges Sich-Abschirmen und Befrieden der Stimmungen, Sehnsüchte, Antriebe und Gedanken schließen die Bejahung des anderen, seine Bestätigung ein. Bejahung heißt letztlich zum Da-sein des anderen – soweit es in diesem Stadium der Zuneigung annähernd wahrgenommen wird – in der Weise Ja zu sagen, daß man bereit ist, sich an die Stelle des anderen zu setzen, mit ihm zu „tauschen". In der Bejahung des anderen wird dieser gleichsam verdoppelt. Sich an die Stelle des anderen zu setzen, liegt der Opferbereitschaft vieler Liebender – auch liebender Freunde – zugrunde, die aus der Bejahung des anderen heraus sich selbst verneinen. Darüber hinaus gehört zur Bejahung des anderen die Möglichkeit, ihn besser, schöner, stärker, klüger, lebendiger, kommunikationsfähiger usf. zu sehen, ihn zu bewundern und in der Bewunderung eben möglicherweise sich selbst zu verneinen und abzuwerten.

Die bewundernde Bejahung ist die treibende Kraft, sich für den anderen einzusetzen, ihm im alltäglichen Leben z. B. einen Gang zur Behörde oder eine Auseinandersetzung mit den Eltern abzunehmen oder in sehr viel kritischeren Lebenssituationen, selbst wenn es um Leben oder Tod geht, für ihn einzuspringen und einzustehen. Im Opfer für den anderen wird dieser über das eigene Selbst hinaus bejaht, akzeptiert, angenommen – als der Bessere, Wertvollere, der im Opfer sich an die Stelle dessen setzt, der sich für ihn aufopfert. Im Opfer verschmelzen beide idealiter in der Verschiedenheit ihrer „Iche" zu einem „Ich".

Dieser Gedanke, der dem Sich-Opfern zugrunde liegt, deckt die Tiefe eigentlicher Bejahung auf, die sich als Bejahung nur gegen die Verneigung hier der eigenen Person behaupten kann. Das führt zu einem oft zu beobachtenden Wettstreit der Liebenden. In ihm versucht der eine, sich selbst verneinend, den anderen mehr zu bejahen als dieser sich bejaht. Es ist ein Wettstreit, der einen Ausgleich findet, wenn die wechselseitig sich darbietende Bestätigung durch den anderen die eigene Verneinung zwar nicht aufhebt, aber doch ausgleicht, „kompensiert". Bereits jetzt zeigt sich die der Kommunikation innewohnende Tendenz zur „Nichtung", in diesem Falle jedoch nicht des anderen, sondern der eigenen Person, und zwar im Vollzug der Bejahung des anderen. „Mißverhältnisse" von Bejahung, Zerrbilder werden in den Beziehungen sichtbar, in denen die Aufopferung für den anderen eine diesen verwöhnende Unterdrückung ist. Die liebende Bejahung des anderen ist nicht zuletzt auch die Basis der sog. sozial-karitativen Tendenzen der Liebesbeziehung. Hier wird die gegenseitige Abschirmung zu einem gegenseitigen Füreinander-Sorgen und Sich-Helfen, zu einem Sich-Schützen vor Unterstellungen, Verleumdungen, Angriffen aller Art. Die von maßgeblichen Autoren (z. B. S. Freud) als „Regression" disqualifizierte Abschirmung erweist sich so als eminent sozialer Vorgang. Das wird in dem Augenblick deutlich, in dem die Liebenden aus ihrem entrückten Versunkensein erwachen, sich jedoch nach wie vor abschirmend-fürsorglich zueinander verhalten. Mit anderen Worten: aus der Abschirmung erwächst eine Bejahung, die den Unterschied zwischen sich und dem anderen sieht und sich positiv dazu verhält.

Zur Bejahung gehört auch Aktivität für den anderen. Sie drängt zum Handeln, während Entrückung, Versunkensein und Vertrautheit von kontemplativ-wahrnehmendem Charakter sind. Abschirmung ist die kontemplativ den anderen in seinen Möglichkeiten „schauende" Seite des liebenden Miteinander-Umgehens, Bejahung die aktiv-fürsorgliche, sich für den anderen einsetzende. Bejahung schließt die Notwendigkeit ein, sich für den anderen verantwortlich zu fühlen, Abschirmung bedeutet: sich in der Verantwortung des anderen geborgen wissen. Die Abschirmung sowohl von der Außenwelt als auch der eigenen Innenwelt gegen die Außenwelt stellt sich her in der Wechselwirkung von gegenseitiger Bejahung, sich selbst In-Frage-stellen oder Verneinen und dem Ausgleich durch die Bejahung des anderen.

## f) Die Erwartung totaler Kommunikation, totalen Vertrauens und totaler Identität

Kommunikation vollzieht sich im Kreislauf von Mitteilung an die Umwelt, Aufnahme ihrer Antwort, Antwort wiederum auf diese Mitteilung und so fort[1]. Kommunikation ist Austausch von Mitteilungen und Antworten, von Geben und Nehmen. Zum Beispiel im Tauschprinzip als einer der ältesten und fundamentalsten Institutionen der Menschheit hat dies einen Gemeinschaft begründenden Ausdruck gefunden. Mitteilung und Antwort, Geben und Nehmen lassen sich in die schon erwähnten Kommunikationsweisen: Entdecken, Erschließen, Sich-Auseinandersetzen sowie in Binden und Lösen, in Aufzeigen und Bewältigen gliedern. Der Einheit des Subjekts entsprechend sind sie vom Bereich des Organischen bis zu dem des Erkennens und zu den personalen Beziehungen zu verfolgen. Darüber hinaus kann unterschieden werden zwischen: Kommunikation im körperlichen Bereich, anteilnehmender Kommunikation im Bereich der Antriebe, der Stimmungen und des

---

[1] S. insbes. D. Wyss, Mitteilung und Antwort, Untersuchungen z. Biologie, Psychologie und Psychopathologie von Kommunikation, Göttingen 1975.

Fühlens und der teilnehmend-erkennenden Kommunikation im Bereich der mentalen Funktionen. Das (wie auch immer begündete) Unvermögen zur Kommunikation führt in das Gebiet der Psychopathologie.

Zu dem kaum zu entwirrenden Geheimnis, warum ein umworbener Partner auf die Werbung positiv antwortet (von einer ausschließlich zweckgebundenen Antwort sei hier abgesehen), dürfte gehören, daß es gelingt, den anderen von der eigenen Zuneigung zu überzeugen, um in ihm jene früher beschriebene Erwartungshaltung zu wecken. Im Hinblick auf das jedem Lebewesen angeborene Kommunikationsbedürfnis – Einschränkung und Ende von Kommunikation bedeuten Krankheit und Tod – kann diese Erwartungshaltung jetzt weiter präzisiert werden. Im umworbenen Partner werden nicht nur diffuse Glücksvorstellungen, die Hoffnung auf Identität mit dem Geliebten und die Hoffnung auf totales Vertrauen geweckt. Darüber noch hinausgehend zielt die geweckte Liebeserwartung letztlich auf totale Kommunikation mit dem anderen. Was aber heißt Erwartung „totaler" Kommunikation? Befragt man das Vertrauen, das Liebende einander entgegenbringen, auf sein letztes Ziel, so ergibt sich immer wieder, daß sie zumindest am Beginn ihrer Beziehung ein vollkommenes Sich-Mitteilen, Sich-Erschließen, Sich-Auseinandersetzen erhoffen: daß der andere sich restlos, rückhaltlos, ohne irgendwelche Vorbehalte, eben „total" vertrauend öffnen wird. Erwartet wird ein schlechthin alles umfassendes Sich-Mitteilen des Partners, eine Selbstdarstellung, zu der es mindestens in den Anfangsstadien einer Liebesbeziehung auch sehr oft kommt. Diese Selbstdarstellung beginnt mit Gesprächen, die sich tage- und nächtelang hinziehen können, in denen Einzelheiten des Lebensweges, der Beziehung zu Familienangehörigen, Freunden und Freundinnen berichtet werden, von Leistungsanforderungen und Hobbys erzählt wird, und die vielleicht in Gespräche über „Gott und die Welt" und die Zukunft münden. Vor allem aber kommt es zur Selbstdarstellung im körperlichen Sich-Entdecken und Sich-Erschließen im gemeinsam erlebten Orgasmus, im orgasmischen Rausch, in dem sich das Bestreben nach totaler Kommunikation leibhaft verwirklicht. Die im Orgasmus erfahrene „Entgrenzung", die Entzückung, Verzückung und nachklingende Verklärung sind als Ausdruck totaler Kommunikation und deren glückhafte Bestätigung zu verstehen, insbesondere dann, wenn sich im gemeinsamen Orgasmus leidenschaftliche Zuneigung und körperliches Glücksgefühl ergänzen. Dann wird die Erwartung totaler Kommunikation als erfüllt erlebt.

Im anderen die Erwartung auf totale Kommunikation zu wecken, mit ihm in allem und über alles zu kommunizieren, mit ihm die Themen seiner Existenz in ihrer ganzen Vielfalt von beruflichen Problemen bis zur Auseinandersetzung mit Leistungsanforderungen oder Weltanschauungen zu teilen, mit ihm *darüber hinaus* im gemeinsamen Orgasmus ein totales leib-seelisches Kommunizieren zu erfahren, ist ohne jeden Zweifel ein fundamentales Anliegen jeder Liebesbeziehung. Es ergibt sich aus dem Wesen von Zuneigung selbst.

Durch eine Liebesbeziehung werden aber auch die möglichen Entwürfe eines Menschen in die Zukunft – seine Pläne, sein Hoffen auf . . ., sein Trachten nach . . ., auch wenn ihm dies alles nur teilweise bewußt und im Wachen nur begrenzt zugänglich ist – geweckt, aktiviert, herausgefordert und als zu realisierende Möglichkeiten wahrgenommen. Die Existenzintensivierung, wie sie mit glücklichen Liebesbeziehungen verbunden ist, bedeutet vor allem, daß die Verliebten oder Liebenden sich plötzlich, ihren Erwartungen entsprechend, verstärkt und gesteigert gemeinsam in die Zukunft entwerfen und daß sie an der Verwirklichung ihrer Entwürfe nicht zweifeln. Die Erwartung totaler Kommunikation mit dem Partner mobilisiert und weckt latente Kommunikationsmöglichkeiten und intensiviert damit zugleich das Erleben der eigenen Existenz. Dabei wird die Erwartung nicht nur zum Motor für Zukunftsentwürfe, sondern sogar zur Gewährung für deren Realisierung.

Der Erwartung totaler Kommunikation entspricht sowohl die Erwartung totaler Identität mit dem anderen als auch die Erwartung totalen gegenseitigen Vertrauens. Es sind Erwartungen, die im Verlauf der Liebesbeziehung zunehmend erheblich eingeschränkt werden und deren Enttäuschung zu den Grund-Enttäuschungen in einer Liebesbeziehung gehört.

# III. Kommunikation, Sexualität und Sinnlichkeit

*a) Leben und Erleben als kommunikatives Geschehen*

Im vorigen Abschnitt wurde das Phänomen „Kommunikation"
erwähnt. Es sei jetzt genauer betrachtet, um Liebe von Kommunikation[1] ganz allgemein und von den verschiedenen Kommunika-
tionsweisen abzugrenzen und näher bestimmen zu können.
Zum Leben in allen seinen Erscheinungen, vom Einzeller bis zum
Menschen, gehört ein ständiger umweltbezogener Austausch. Stoffaufnahme und Stoffabgabe bestimmen den sog. „Haushalt der
Natur", alle innerorganismischen Vorgänge sind Formen der
Stoffaufnahme, der Stoffveränderung und der Stoffabgabe. Bereits in der Aufnahme von Substanzen der Außenwelt durch den
Organismus vollzieht sich eine Veränderung des Aufgenommenen.
Das gilt nicht nur für die Ernährung, sondern auch für alle Arten
sinnlicher Wahrnehmung, in der das Aufgenommene – z. B. Licht-
oder Schallwellen – durch die Aktivität der Sinnesorgane im
Zentralnervensystem selbst umgestaltet wird.
Wie der Organismus auf Stoffaufnahme antwortet, so teilt sich
jedes Lebewesen in seinen Bedürfnissen der Umwelt mit – sei es,
daß es Nahrung sucht (und dabei vielleicht in Auseinandersetzungen gerät), sei es, daß es ruht oder daß es der Umwelt z. B. seine
Paarungsbereitschaft „signalisiert", mitteilt. Durch sein Verhalten
und die Mitteilungen, die es damit der Umwelt macht, löst das
Lebewesen entsprechende Antworten aus. Das kann graphisch so
dargestellt werden:

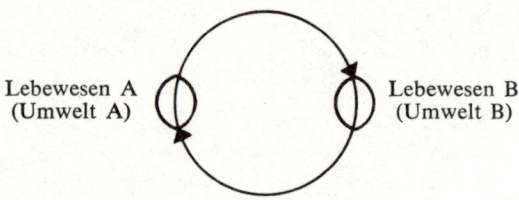

Lebewesen A
(Umwelt A)

Lebewesen B
(Umwelt B)

---

[1] S. Dieter Wyss, Mitteilung und Antwort, Teil I (Z. Biologie der
Kommunikation), Göttingen 1975.

Das Modell von Mitteilung, Aufnahme und Antwort, das Kommunikation als zyklischen, sich im Kreislauf aber ständig verändernden Austausch erfaßt, bedeutet jedoch nicht, daß Kommunikation nach den Gesetzen einer prästabilisierten Harmonie verläuft, auch wenn die enge Verschränkung des Verhaltens von Tieren mit der Umwelt eine solche Annahme nahelegen mag.

In der Antwort wird selbst bei extrem eingeschränktem oder überhaupt nicht mehr nachweisbarem „Freiheitsspielraum" (beispielsweise in der Instinkthandlung von Insekten) die als Nahrung oder als Auslöser (Bild, Signal) aufgenommene Umwelt in jedem Fall zunächst „vernichtet"[1]. In ihrer gegebenen und sich darbietenden Zusammensetzung, in ihrer Gestalt wird sie aufgehoben, aufgelöst und verändert, stellt sich dann aber in veränderter Gestalt oder Zusammensetzung von neuem dar: aus den assimilierten Substanzen werden morphologische Strukturen des aufnehmenden Körpers. Mitteilung, Aufnahme, Antwort schließen stets Veränderungen des Aufgenommenen ein. Seine Vernichtung ist jedoch nur vorübergehend, denn es gehen daraus immer neue Substanzverbindungen, Zusammensetzungen und Gestalten hervor. In der Antwort zeigt sich die Eigenständigkeit des individuellen Lebewesens gegenüber seiner Umwelt, die es in Frage stellt, indem es sie auflöst. Lebendige Kommunikation als Austausch von Mitteilung, Aufnahme, Antwort, aber auch von Geben und Nehmen schließt stets die Negation, die „Vernichtung" desjenigen ein, mit dem kommuniziert wird.

Dies ist ein von der Tier- und Pflanzenwelt ausgehendes Grundmodell. Im Folgenden wird jedoch deutlich werden, daß auch zwischenmenschliche Kommunikation, insbesondere in der Liebesbeziehung, manifest oder latent Destruktion des anderen umschließt. Das Streben Liebender nach totaler Kommunikation will den anderen nicht in Frage stellen, sondern ihn ausschließlich bejahen, ihm voll vertrauen; es hofft auf Identität mit dem anderen. Zum Streben nach totaler Kommunikation gehört das Verlangen, sich dem anderen körperlich, im emotionalen Bereich der Antriebe, Stimmungen und Gefühle, im geistigen der Erkenntnisse, Urteile und Überzeugungen, der Meinungen und Ansichten nicht nur restlos mitzuteilen, sondern in dieser Mitteilung mit ihm weitestgehend übereinzustimmen. Eine solche „totale" Kommunikation aber bedeutet, die Identität des anderen, seine Individualität in der umfassenden Bejahung seiner Person aufzuheben. Sie bedeutet Verschmelzung mit dem anderen, der dabei jedoch als Antwortender, sich selbständig Darstellender, Stellung Nehmender „vernichtet" wird.

Diese maßlos auf „das Ganze" drängende Tendenz der Liebe – wirksam, obwohl sie im Lauf der Menschheitsgeschichte von Philosophie, Religion und Psychologie korrigiert worden ist – muß an der Individualität und (mindestens relativen) Identität des anderen mit sich selbst scheitern.

Neben den kommunikativen Prozessen, wie sie in der Tier- und Pflanzenwelt zu beobachten sind, steht die erlebte Kommunikation, die von jenen kommunikativen Prozessen zwar nicht zu trennen ist, aber doch anders wahrgenommen – eben erlebt – wird. Das Bedürfnis totaler Kommunikation oder totalen Vertrauens wird erlebt, und zwar nicht weniger als Grenzen, Einschränkungen, Abweisungen und „Frustrierungen" des Bedürfnisses nach Kommunikation. Menschliche Kommunikation ist nicht nur lebendiges, sondern zugleich erlebendes Geschehen, weil der Mensch ständig in innerseelischem Austausch mit anderen steht, selbst wenn er es nicht zeigt. Dabei bedeutet Erleben der Umwelt: auf ihre Mitteilung, diese eben erlebend, antworten. Es ist eine vor aller rationalen Entwicklung des Menschen gegebene Weise der Kommunikation, in der z. B. das Kind bereits steht, das erlebt, auch wenn es sich noch nicht sprachlich mitzuteilen vermag und noch keine rationalen Schlüsse zieht. Erlebend nimmt es an seiner Umwelt teil, die es aufnimmt, auf die es antwortet, der es sich wieder mitteilt. Sein Erleben drängt es, Mitteilungen an die Umwelt auszudrücken, ebenso dringen Mitteilungen oder Antworten der Umwelt von außen in sein Inneres. Man kann sagen, daß Leben und Erleben nicht voneinander zu trennende Prozesse sind.

*b) Wie kommunizieren die Partner einer Liebesbeziehung miteinander?*

Zu dem Bedürfnis nach totaler Kommunikation und totalem Vertrauen in der Liebesbeziehung zurückkehrend, sei dieses als utopischer Maßstab benutzt, um festzustellen, wie und worüber in einer Liebesbeziehung im einzelnen kommuniziert wird.

Das Wie der Kommunikation setzt voraus, ob sich der eine dem anderen überhaupt zuwendet oder ob er sich von ihm abwendet. Wendet er sich ihm zu, so umschließt das Wie der Kommunikation alle Möglichkeiten der körperlichen Mitteilung und Antwort: von der Aufnahme eines Geruches und dem Wechsel von Blicken bis zum Händedruck, der Umarmung, dem Streicheln. Aber auch heimliches Ballen der Fäuste und Stirnrunzeln, Lächeln nicht weniger als Seufzen oder Stöhnen sind Weisen körperlich-physiognomischer Kommunikation, die meistens vorsprachliches Erleben vermitteln. Sie sind Selbstdarstellungen von Antrieben und Trieben, in ihnen stellt die Person sich ebenso dar wie im leidenschaftlichsinnlichem Begehren, in der aggressiven Zurechtweisung, im rechthaberischen Aufbrausen, im ängstlichen Sich-Anpassen oder Sich-Ducken, im eifersüchtigen Mißtrauen, in unterwürfiger Hilfsbedürftigkeit oder in mitleidiger Fürsorge, um nur einige der Möglichkeiten „triebbedingten" Kommunizierens zu nennen, die sich in einer Liebesbeziehung ausdifferenzieren.

Ein zweiter Bereich ist die emotionale Kommunikation des Fühlens und Einfühlens, des Angezogen- und Abgestoßenwerdens. Hier zeigt sich die Tiefe einer Zuneigung (im Sinne des Ergriffenwerdens) oder deren Flachheit. Es können Erschütterungen, Wehmut, Freude, Hoffnung, Niedergeschlagenheit sein, die sich äußern – alle in einer Liebesbeziehung möglichen Gefühle, die ihrerseits wiederum eng mit der Gestimmtheit verbunden sind und im Wie der Kommunikation mitschwingen.

Zum Wie der Kommunikation gehört schließlich die geistige Kommunikation. Wie vollzieht sich der Austausch über gemeinsame oder unterschiedliche Interessen, Meinungen und Urteile? Wie wird über berufliche, familiäre, weltanschauliche Probleme kommuniziert? Ist es ein gegenseitiges Geben und Nehmen? (Voraussetzung ist natürlich, daß geistige Zuwendung und Kommunikation überhaupt vorhanden ist.)

In der differenzierten körperlichen, emotionalen und geistigen Kommunikation treten Gemeinsamkeiten, Gegensätze, Lücken und möglicherweise Niveauunterschiede der Partner zutage. Gemeinsamkeiten beispielsweise dann, wenn triebhaft-einfühlendes, stimmungsbedingtes Erleben bei beiden Partnern annähernd ähnlich strukturiert ist; wenn der Partner A in seiner Beziehung zu B seine Gefühle so zu artikulieren vermag, daß B ihn aufgrund ähnlicher „Skalenbreite" der Emotionalität verstehen, sich in ihn einfühlen kann und umgekehrt; wenn darüber hinaus das Verhältnis beider zum Körper, zur Emotionalität, aber auch zu Leistungsbereichen, Orientierungs- und Ordnungsbezügen (Meinungen, Überzeugungen, moralische, ethische Normen und Forderungen) ähnlich ist: Wenn z. B. beide musisch oder amusisch empfinden, wenn beide beruflich ehrgeizig oder nicht ehrgeizig, gewissenhaft oder ungenau, arbeitsam oder faul, exakt oder oberflächlich eingestellt sind, wenn sie Anhänger derselben Ideologie oder an keinerlei weltanschaulichen Orientierungen interessiert sind. Eine Rolle spielt ferner, ob die Partner in ihrer Umweltbeziehung expansiv nach außen leben, gerne mit Menschen gesellschaftlich kommunizieren oder ob sie eigenbrötlerisch, weltabgewandt in sich versponnen sind. Mit anderen Worten: entscheidend ist, ob die Eigenschaften der beiden Partner ungefähr gleich oder wenistens ähnlich sind oder ob sie bei aller Zuneigung weitgehend verschieden sind und im Wie ihrer Kommunikation kaum Ähnlichkeiten aufweisen.

Eine Kommunikationslücke, die infolge mangelnder Ähnlichkeit im emotionalen Bereich besteht, kann jedoch durch geistige Kommunikation, z. B. durch gemeinsame berufliche Interessen ausgeglichen werden, ebenso ein Mißverstehen im geistigen Bereich durch körperliches Harmonieren. Ob sich Ähnlichkeiten und Gemeinsamkeiten der Kommunikation finden oder ob sich bei mangelnder Kommunikation in entscheidenden Bereichen ein Ausgleich durch Kommunikation in anderen Bereichen herstellt, ist angesichts der Erwartung totaler Kommunikation für die tatsächlich zustande kommende Kommunikation ausschlaggebend.

Wie die Kommunikation im emotionalen Bereich beschaffen, insbesondere wie differenziert sie ist, wird z. B. in der Gemeinsamkeit eines bestimmten Erlebens sichtbar. Sie zeigt sich darin, ob über ein solches Erlebens auch später noch kommuniziert wird, ebenso aber darin, wie beide Partner ein berufliches Ereignis, eine Versetzung, eine Beförderung, den Tod eines Freundes, einen Theaterabend, eine Einladung, eine Reise, einen Vortrag oder eine Lektüre aufnehmen und erleben, wie weit sie darüber dann miteinander zu sprechen vermögen oder ob bei gemeinsamem Erleben Unterschiede sowohl in der Beurteilung wie in der Aufnahme, der Verarbeitung hervortreten. Dies kann so weit gehen, daß dieser Vortrag oder jenes Theaterstück für den einen zu einem „Erlebnis" geworden ist, für den anderen dagegen ein ganz alltägliches Vorkommnis bleibt, zu dem er kein farbig-positives Verhältnis gewinnen kann.

Wie ist ferner die Kommunikation im geistigen Bereich? Sind Intelligenz, Wissen, Auffassungsvermögen, Konzentration, Flexibilität, Gedächtnis, Kritik und Selbstkritik annähernd gleich oder bestehen erhebliche Niveauunterschiede? Gibt es außer möglicherweise vorhandener formaler Verschiedenheit der Intelligenz auch inhaltliche Unterschiede in Neigungen und Ansichten, im Leistungsbereich, in beruflich-gesellschaftlichen Positionen? Sind es mehr als Unterschiede, nämlich Gegensätze? Gegensätze, die ihrerseits auf Unterschiede der Herkunft, der Familie, der materiellen und anderen Verhältnisse zurückgehen und die das Wie der Kommunikation erheblich beeinflussen und beeinträchtigen können?

Mit dem Wie der Kommunikation hängt ihr Was, d. h. hängen ihre Inhalte zusammen, wie umgekehrt im Was einer Kommunikation ihr Wie zum Ausdruck kommt. Das Hauptthema zahlreicher Liebespaare ist ihre eigene Beziehung. Über was aber kommt es außerdem zu einem Austausch? Gibt es genug „Stoff", genug Themen, so daß man nicht schon bald auf bestimmte „Platten" zurückgreifen muß, die schon oft durchgespielt wurden? Solche „Platten" können die Beziehung zu X. Y. sein oder die Rede von O., die Arbeit in der Firma Z. oder auch die Vergangenheit, die mögliche Zukunft. An den Inhalten der Kommunikation zeigt sich deren Wie: entweder Übereinstimmung, Ergänzung, Erweiterung oder zunehmende Einschränkung, Begrenzung, Reduzierung, Entdifferenzierung. Umgekehrt bestimmt das Wie der Kommunikation die Inhalte: Jeder – sprachliche – Austausch bedarf der Worte, die stets Inhalte vermitteln. Je differenzierter das Wie der Kommunikation in den verschiedenen Bereichen ist, um so reicher sind die Inhalte, um so seltener sind irgendwelche „Platten" nötig. Kommt man doch auf sie zurück, wird zum so- und sovielten Male über X.Y. gesprochen, variiert dann wenigstens der Ton, der Akzent, die Ironie, die Anteilnahme, die Boshaftigkeit, der Scherz, das Mitleid, das Interesse. Bei gleichbleibendem Inhalt vermag sich dann das Wie der Kommunikation zu steigern. Von größerer Bedeutung indessen ist, ob gemeinsam neue Horizonte erschlossen werden, indem man sich z. B. entschließt, den zweiten Bildungsweg einzuschlagen oder eine Ausbildung abzuschließen, durch gemeinsames Erlernen von Fremdsprachen, durch Beschäftigung mit einem Thema der menschlichen Kulturwelt.
Jede solche Erweiterung des Horizontes kann auch die Kommunikation erweitern und vertiefen. Oder sind umgekehrt die Interessengegensätze der Partner so erheblich, daß dadurch Kommunikation aus Mangel an gemeinsamen Inhalten unmöglich zu werden droht?

Fragen wie diese führen aus dem Zaubergarten in die Wirklichkeit möglicher Gegensätze, in die Wirklichkeit von Mißverhältnissen und Einschränkungen der Kommunikation. Eines Tages kann es geschehen, daß sie rücksichtslos in Entrückung und Traumhaftigkeit einbrechen. Unzweifelhaft gibt es freilich auch das häufig beobachtete Phänomen, daß erhebliche, in der Verschiedenheit der sich liebenden Partner begründete Kommunikationseinschränkungen – „objektive" Kommunikationseinschränkungen, etwa infolge extremer Verschiedenheit der Herkunft, sowohl im Wie als auch im Was der Kommunikation – ganz in den Hintergrund treten, weil die Partner von ihrer Zuneigung zueinander überwältigt werden. Trotz erheblicher Kommunikationseinschränkungen verändern sie sich, einander ergänzend, in und durch ihre Beziehung, d. h. über ihre Zuneigung erweitern sie ihre Kommunikation. Auf der anderen Seite ist jedoch nicht zu übersehen, daß auftretende oder sich ankündigende Kommunikationseinschränkungen das erste Anzeichen für ein Nachlassen oder eine Wandlung der Liebesbeziehung sein können.

Allerdings kann die Erwartung totaler Kommunikation immer wieder Wunder wirken und unleugbar bestehende, das Wie und das Was der Kommunikation einschränkende Gegensätze überwinden oder zumindest überbrücken. Ein extremes Beispiel dafür sind die Spontanheilungen von Frigidität und Potenzstörungen – Ausdruck körperlicher Kommunikationseinschränkungen – durch eine neue Liebesbeziehung, in der sie sich in kürzester Zeit zurückbilden und nicht mehr nachweisbar sind. Spontanheilungen dieser Art, wie sie immer wieder beobachtet werden, treten auf, wenn mit dem neuen Partner entweder eine sehr viel differenziertere und reichere Kommunikation möglich ist, oder wenn die gesamte Einstellung zum Partner von einer Leidenschaftlichkeit ist, die jene Schwierigkeiten überspringen hilft.

Als Maßstab zur Beurteilung des „Standorts" einer Liebesbeziehung soll im Folgenden der Kommunikationsbegriff dienen, wie er hier dargelegt worden ist. Vom utopischen Bild totaler Kommunikation ausgehend, bieten sich für die Beurteilung einer – geglückten oder gescheiterten – Liebesbeziehung als praktisch an:

1. Ein Vergleich der faktischen Kommunikation der Partner mit der von ihnen erwarteten oder erhofften totalen;

2. die Frage, wie und über was und in welchen Bereichen überhaupt kommuniziert wird und in welchen nicht;

3. die Frage, ob die in der Liebesbeziehung bestehenden Gegensätze und Kommunikationseinschränkungen in den verschiedenen, zu entdeckenden und zu erkundenden Bereichen und Weisen der Kommunikation von den Partnern verarbeitet werden und zu einer Kommunikationserweiterung führen;

4. die Frage, ob trotz erheblicher, von vornherein gegebener Einschränkungen durch faktische Unterschiede der Partner in ihrer Persönlichkeitsstruktur, ihrem Herkommen, ihren körperlichen, emotionalen und geistigen Möglichkeiten zur Kommunikation, Erweiterung und Entwicklung der Kommunikation stattfindet, d. h. ob *gelernt* wird;

5. die Frage, ob tatsächlich bestehende Gegensätze und Kommunikationseinschränkungen die Liebesbeziehung zu einem Ende

treiben oder ob das Nachlassen der Zuneigung die Gegensätze übertreibt. Diese Gesichtspunkte sind jedoch nur dann anwendbar, wenn die Partner in ihrem subjektiven Erleben nach einer solchen „Befragung" ihres Verhältnisses verlangen. Ist das nicht der Fall, dürfte die Kommunikation in der Liebesbeziehung noch weitgehend selbstverständlich-ungebrochen, glücklich sein.

## c) Sinnliche Kommunikation

Sinnliche Kommunikation bedeutet primär Kommunikation mit *allen* Sinnen, Aufnehmen der sich sinnlich mitteilenden Welt mit den Augen und dem Gehör, dem Geruchs-, Tast- und Geschmackssinn, durch Wärme- und Kältesinn, Lage- und Bewegungsorientierung. Sie bedeutet zugleich Erleben der sich sinnlich darbietenden Welt, um in der Antwort durch bestimmte Handlungen sinnlich in die Umwelt einzugreifen. Ein schlechter Geruch wird als solcher wahrgenommen, sinnlich erlebt. Indem er aufgenommen wird, findet körperlich-psychisch bereits eine Antwort statt, die sich im Erleben selbst als penetrant, scharf, verletzend, beleidigend, aufdringlich darstellt und als weitergehende Antwort Abwendung, Flucht oder Abwehr provoziert. Das Geschrei eines Säuglings, die einlullende Stimme der Mutter, der Vortrag im Hörsaal 10, die Klage des Patienten, die Worte der oder des Geliebten, dies alles ist als Gehörtes Teil des sinnlichen Erlebens und löst bestimmte Antworten aus, die wir als sinnlich wahrnehmende Personen durch unsere Rede, Gestik, Physiognomie, durch unser Gesicht ebenso wie z. B. durch unsere Haltung sinnlich ausdrücken.

Sinnlichkeit ist die „Ebene", in der wir durch Vermittlung unserer Sinnesorgane wie unserer Motorik – unserer Bewegungsorgane, aber auch der Sprache – mit der Welt kommunizieren. Ebenso zeigen wir uns durch unseren Körper der Welt sinnlich, stellen wir uns sinnenhaft dar.

Sinnlichkeit und Leben des Menschen in der Welt sind nicht voneinander zu trennen, wir leben – scheinbar paradox ausgedrückt – in einer durch unsere Sinne vermittelten unmittelbaren Nähe zur Welt. Ein Geruch, das Geschrei eines Säuglings, der Blick in eine Lagerhalle, der Geschmack eines Weines, die Wärme eines Sommertages werden von uns – hier anziehend, dort abstoßend – in jedem Fall aber als uns unmittelbar umfassend, umfangend erfahren. Durch unsere Sinnesorgane wird die Welt für uns zu einer Nah-Welt, die uns, selbst wenn sie – für Auge und Gehör – fern bleibt, einschließt und umschließt[1].

Kleinkind und Kind gehen in dieser Nah-Welt unbefangen auf. Sie entfalten sich zu dieser Welt hin, ähnlich der Pflanze, die sich im Licht öffnet. Die vor aller logischen Aufteilung wahrgenommene Nah-Welt verlockt hier, bedroht dort, verführt, weist ab, ängstigt oder erfreut. Sie ist Erlebniswelt, in die sich später auch der heranwachsende Mensch hineinbegeben kann, in die er hineinspringen möchte, um dann allerdings zu erleben, daß er sie in der Weise, wie er sie als Kind innehatte, verloren hat. Er kann sich nicht mehr mit der Intensität und der Wollust in einen Heuhaufen werfen, wie er das als Mädchen oder Knabe getan hat, einem jungen Tier vergleichbar, das aus der Spontaneität eines wahrscheinlich unspezifischen Antriebes über die Wiese springt. Dieser Vergleich soll vor allem die Spontaneität hervorheben, mit der das Kind sich in die Umwelt hineinstürzt, alles betastet, ansieht, anhört, riecht, in den Mund steckt. Speziell das Kleinkind lebt und erlebt in einer nicht weiter auflösbaren, elementaren Weise Umwelt auch bejahend und erlebt sie in ihrer Nähe als etwas, das möglichst zu verschlucken und einzuverleiben ist.

Die durch Auge und Gehör – die Fernsinne – noch nicht nahe genug herangeholte Welt wird dann mit den Sinnesorganen verstärkt aufgenommen, die wie Tast-, Geruchs-, Geschmackssinn, Wärme- und Kältesinn das Erlebnis der Nähe steigern. In dieser gesteigerten Nähe kommt es zu einer sinnlichen Verschmelzung mit der Welt, die der Mensch sich schmeckend, schlürfend, riechend, tastend gleichsam „einkörpert", um sich in der Nähe, von ihr eingenommen, zugleich zu verlieren (Nähe auf*nehmen*, sich der Nähe hin*geben*)! In diesem Vorgang erschließt die Welt sich in der Fülle ihrer Qualitäten, in ihrer Beschaffenheit, ihrer Dichte, ihrer Gelöstheit, in ihren Düften, Gerüchen, Geschmäckern. Sie erschließt sich in ihrer bröckligen, glatten, gekräuselten, zerfurchten, sandigen, spröden, kristallinen, weichen, anschmiegsamen Konsistenz – um aus den Tausenden von Qualitäten, die allein der Tastsinn erschließt, nur einige zu nennen und ganz von den Qualitäten zu schweigen, die Geruch, Geschmack oder Auge enthüllen und für die es weder ausreichend Namen noch Begriffe gibt, um sie so zu erfassen, wie sie eigentlich erlebt werden. Die Beschreibung der Farben einer Landschaft etwa trifft nie die in

[1] Zur Frage der Sinnlichkeit und Sinneswahrnehmung; s. auch H. Plessner, Die Einheit der Sinne, Bonn 1969. – H. Burkhardt, Die unverstandene Sinnlichkeit, Wiesbaden 1973.

der Landschaft tatsächlich gesehenen Farben. Diese vermag nur der Maler wiederzugeben. Die sinnliche Qualität der Welt entzieht sich weitgehend dem Begriff.

Im sinnenhaft-bejahenden Erleben der Welt, im Tasten, Riechen, Schmecken wird Welt zum Genuß. Im sinnlichen Einverleiben von Welt, in der Hingabe an sie, an ihren Glanz und ihren Duft, an ihre Farbe, ihren Geschmack, ihren Geruch ist stets Genuß gegenwärtig. Er ist es im Geschmack zart gebratenen Hammelfleisches, im Geruch gedünsteter Bohnen, im Duft des Flieders, im Geschmack eines alten Sherry, im Geruch frisch geschlagenen Holzes, im Ertasten der Haut des Geliebten, ihrer Weichheit, ihrer Straffheit und im Erspüren der leisesten Veränderung von Wärme oder Kälte.

Es bedurfte dieser Bestimmung der Sinnlichkeit, um die Sinnlichkeit in der Verliebtheit, in der Liebesleidenschaft zu verstehen. Denn die Wesenszüge des sinnlichen Genusses sind entscheidender Bestandteil des sinnlichen Erlebens auch in der Liebe, insbesondere in der sogenannten Sexualität. Die Sinnlichkeit in der Liebesleidenschaft entzündet sich über die Sinne, anfangs über das Auge – Liebe auf den ersten *Blick* – oder das Gehör. Sie feiert ihren Höhepunkt im Genuß gegenseitiger „Einverleibung" der Liebenden über den Tast-, Geschmacks-, Geruchs- und Wärmesinn ebenso wie Lage- und Bewegungssinn – Voraussetzung für das gegenseitige Sich-Begegnen im Geschlechtsverkehr. Die auf Nähe des anderen drängende Liebesleidenschaft oder Verliebtheit erfüllt sich im Erleben der sinnlich-leibhaften Nähe des anderen. Sie ist unmittelbare Gegenwart des anderen, dem jedoch im maßgeblichen Unterschied zu den geschilderten Weisen der Sinnlichkeit – zu der elementaren Sinnlichkeit, wie sie vermutlich das Tier noch erlebt, in Grenzen Kleinkind und Kind – der Bezug auf den einen, einzigen, den geliebten Menschen zukommt.

Weshalb der/die Geliebte sich von allen anderen Menschen unterscheidet, ist, wenn überhaupt annähernd verstehbar, im Zusammenhang dessen zu sehen, daß der Mensch sich in der Welt als ihr jeweiliger Mittelpunkt sinnlich erlebt. Der Mensch ist Mittelpunkt der ihm durch die Sinne vermittelten Erlebnisfülle seiner Umwelt. In der Liebesbeziehung wird er jetzt zum Mittelpunkt des sinnlichen Erlebens, der Fülle wiederum möglicher sinnlicher Qualitäten für den anderen. Oder: weil der Mensch als Individuum jeweils im Mittelpunkt seiner eigenen, unverwechselbaren, einmaligen Welt steht, die ihm sinnliches Erleben vermittelt, wird er in der Liebesbeziehung zum Mittelpunkt der sinnlich erlebten Welt für den anderen.

Der sogenannte „Egozentrismus" des Liebenden – daß der Liebende in der Suche nach Identität sich selbst im anderen zu finden glaubt – ist weit entfernt davon, eine moralisch abzuwertende Kategorie zu sein. In diesem „Egozentrismus" ist die aus der Einmaligkeit jedes Individuums stammende Erfahrung: Mittelpunkt der sinnlich erlebten, eigenen Welt zu sein, entscheidend. Sie steht als Erlebnis gegen alles bessere Wissen und gegen die kopernikanische Wende des geo- zum heliozentrischen Weltbildes. Die sinnlich-selbstbezogene Welt findet ihre Bestätigung in der sinnlichen Leidenschaft, durch die der eine den anderen, dann beide sich gegenseitig zum Mittelpunkt der Welt ihres wechselseitigen Genusses machen.

Der andere wird zu der „Umwelt", die sich jetzt – vergleichbar dem egozentrischen Weltbild – als Schale um den Mittelpunkt der Geliebten dreht, wie sich vorher die sinnlich aufgenommene Welt um diese/diesen drehte. Es findet ein grundlegender Bedeutungs- und Beziehungswandel statt, der sich graphisch wie folgt darstellt:

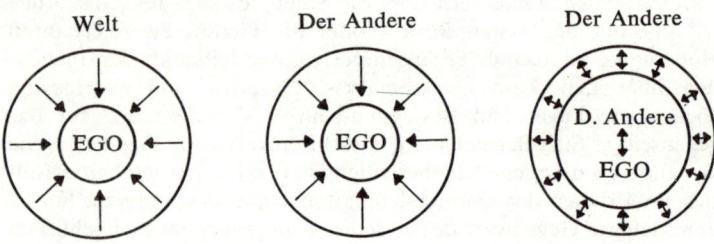

Welt          Der Andere          Der Andere

In einem dritten Schritt – bei Gegenseitigkeit der Liebesbeziehung – wird der Liebende auch zum Geliebten, damit für den Partner zum Mittelpunkt sinnlicher Kommunikation. Die Welt der Liebenden wäre dann als von zwei umeinanderkreisenden Schalen sich darstellende zu charakterisieren (S. o.).

In der Liebe wird – so darf gefolgert werden – durch die spezifische Form der sinnlich auf leibhafte Nähe des anderen zielenden Kommunikation die Person des anderen zu der „unmittelbarsten" Welt, um die der Liebende „kreist". Sie nähert sich in diesen Stadien der Beziehung dem Erleben einer „totalen Kommunikation". An diesem in der Verliebtheit annähernd erfahrbaren, in der Liebesleidenschaft dann offenkundigen Verlust des bisherigen Mittelpunktes der Weltbeziehung, um den vorher die Welt „kreiste", jetzt der Geliebte, wird die weiter unten aufzuführende Nähe der Liebesleidenschaft zum Wahn, zum Verlust der die Psychose charakterisierenden Perspektive auf die Welt hin sichtbar.

Diese Mittelpunktsvertauschung dürfte für die ekstatischen Liebeserlebnisse der Traumhaftigkeit, Verzauberung und Verzückung maßgebend sein, in der die Sinnlichkeit der leibhaften Nähe so erlebt wird, wie die in unnennbaren Gestalten und Qualitäten auf den Menschen zukommende Welt. Jetzt werden die Geliebte oder der Liebende jeweils zur Welt für den anderen. Das Erleben des anderen als sinnliche Nah-Welt erinnert an das unmittelbare sinnliche Erleben des Kleinkindes in seiner „vorlogischen", von der Reflexion noch ungebrochenen Welt. Wie vor aller reflektierten Vermittlung durch den Menschen die Welt sich in ihrem Glanz sinnlich zeigt, zeigen die Liebenden sich einander. Dieses veränderte Wahrnehmungserleben entspricht möglicherweise dem Süchtiger in bestimmten Fällen, nämlich wenn Welt sich ihnen noch „unberührt", vor aller Vermittlung durch die Reflexion in überwältigender Farben- und Glanzfülle darstellt.

*d) Sexualität: Ein wissenschaftliches Vorurteil?[1]*

In Abschnitt II wurde die Welt der Liebenden einschließlich der körperlichen Annäherung – bis zum Orgasmus – dargestellt, gleichzeitig aber darauf hingewiesen, daß diese Welt sich auch ohne körperliche Erfüllung des Liebesverlangens herstellen kann. Wie aber ist nach dem bisher Gesagten die Sexualität zu definieren? Sind Sinnlichkeit und Sexualität dasselbe? Oder ist Sinnlichkeit dem sogenannten Eros zuzuordnen, der nach Auffassung der „Fachleute" eine bereits seelisch sublimierte, verinnerlichte Form von Sexualität ist? Es ist hier nicht beabsichtigt, auf die klischeehaften Vorstellungen zurückzugreifen, zu denen Libido, Sexualität, Eros zählen. Vielmehr soll, wie der Leser bemerkt haben wird, durch Beschreibung der Arten und Weisen der Liebesbeziehung und der „Welt der Liebenden" das Eigentümliche, Wesentliche dieser Beziehung erfaßt werden. Aus dieser Perspektive stellt sich die Frage: Gibt es überhaupt Sexualität? Ist die sogenannte „Sexualität" nicht Folge eines Abwertungsprozesses, den die sinnesfeindlichen, asketischen Religionen (nicht das Christentum allein),

[1] Vgl. hierzu auch H. Burkhardt, Die unverstandene Sinnlichkeit, Wiesbaden 1973. Und M. Merleau-Ponty, Phänomenologie der Wahrnehmung, Berlin 1969.

durch das Erleben insbesondere des Gegensatzes von Sinnlichkeit und geistigen Funktionen bedingt, im Lauf von Jahrhunderten vollzogen haben? Im Gefolge dieser zunehmenden Trennung geistig-intellektueller Fähigkeiten von der Sinnlichkeit wurde von der Sinnlichkeit wiederum die Sexualität abgespalten, die dann noch mehr als die Sinnlichkeit selbst diskriminiert wurde.

Abgelehnt wurde die Sinnenwelt schon in der frühgriechischen Orphik, dann bei Plato. Im Gegensatz zur Vergänglichkeit der Sinnenwelt wurde dauerndes Sein von Parmenides dem Begriff zugesprochen. Das Christentum – analoge Entwicklungen hat es in anderen asketischen Religionen gegeben – übernahm Trennung und Abwertung der Sinnenwelt. Mit ihrer Abwertung verfielen Eros und Sexualität der Verdammung – bis hin zur Philosophie Kants und Hegels. Noch die Psychoanalyse muß sich bei ihrem Bemühen, die abgewertete, „tabuierte" Sexualität wieder aufzuwerten, die Frage vorlegen, ob ihr Konzept der Sexualität nicht ebenfalls nur eine Folge dieser kulturhistorischen Entwicklung ist. Ist Sexualität also ein „Abfallprodukt", das es in der konkreten Wirklichkeit nur bei Kranken gibt?

Für die Psychoanalyse wie für die überwiegende Anzahl verhaltenstheoretisch orientierter Psychologen ist Sexualität jene spezifische, die Genitalregionen (erogenen Zonen) von Mann und Frau mit einem unbestimmten Drang, einer Erregung, einer Spannung erfüllenden Aktivität, die im sexuellen Akt „abreagiert" wird, um sich nach einer gewissen Zeit wieder von neuem „aufzuladen". Zugleich ist die Sexualität mit bestimmten, physiologisch objektivierbaren Veränderungen in den Genitalzonen, aber auch im gesamten Organismus verbunden.

Im Gegensatz zu dieser Auffassung ist „Sexualität" nichts anderes als die noch diffuse, zahlreiche Möglichkeiten leibhafter, partnerbezogener Kommunikation wahrnehmende, aber auch motorisch und sekretorisch sich ausdrückende Sinnlichkeit. Diese manifestiert sich sowohl in unspezifischer Beteiligung motorischer und sekretorischer Veränderungen der Genitalsphäre als sogenannter „Geschlechtstrieb" als auch ohne Beteiligung der Genitalsphäre, z. B. in den erwähnten Phantasien und imaginativen Vorgängen sinnlichen Erlebens, das alle Phasen der sinnlichen Liebe einbezieht.

Sinnlichkeit ist das Vorgegebene, das allgemein im „Sich-Angezogen-Fühlen" von jemanden in unbestimmter Erregung, in diffusem Drängen – auch der Genitalzone – erlebt wird. Aus diesem diffusen Drängen wird die Sexualität dann durch den Beobachter, den Wissenschaftler künstlich „herausgestanzt". Sinnlichkeit bedeutet, die leibhafte Nähe von Welt und die des anderen zu genießen. Ihre Steigerung ist mit physiologischen Veränderungen auch der Genitalzonen verbunden, die zu spezifischen Sinnesorganen werden, über die der andere „intim" ausgekostet, erschmeckt, ertastet, erfühlt wird wenn der eine den anderen, wenn Liebende sich gegenseitig zum Mittelpunkt ihrer Welt machen. In den entgrenzenden Erlebnissen von Traumhaftigkeit oder Entrückung schlägt Sinnlichkeit als genießende Wahrnehmung dann in Entsinnlichung, in ekstatische Entgrenzung um. In der leibhaften Anziehung durch einen anderen Menschen, im Begehren dieses Menschen wird dieser leibhaft-sinnlich, „intim" wahrgenommen. Die sogenannte „Sexualität" ist als Teil der umfassenden Wahrnehmung des anderen anzusehen, die Lokalisierung der Sexualität auf die Genitalzone hingegen ist künstlich (s. u. Prostitution, Masters und Johnson).

Die Hypothese eines ausgeprägten „Sexualinstinkts" oder „Geschlechtstriebes" ist auf dem Hintergrund jener kulturhistorischen Entwicklung zu sehen, die – aus was für Gründen auch immer – die Sinnlichkeit und insbesondere die Sexualität generell abwertete. Aus der Sinnlichkeit, der auf unvermittelte Nähe ausgehenden leibhaften Zuwendung zum anderen, wurde das wissenschaftliche Kunstprodukt „Sexualität". Daß im Verlauf dieser historischen Entwicklung nicht nur die Sinnlichkeit – z. B. innerhalb der sogenannten bürgerlichen Moral – „unterdrückt", sondern auch die zuvor künstlich abgespaltene Sexualität „tabuiert" und zum „Skelett im Schrank" deklariert wurde, soll nicht bezweifelt werden. Grundsätzlich bezweifelt wird jedoch, daß es Sexualität als eigenständigen Trieb gibt. Sexualität ist eine Weise besonders intimer Wahrnehmung des anderen, eine Weise, ihn vermittels der Genitalien als Sinnesorgane zu erfühlen, zu ertasten, zu erschmecken, zu erspüren. Gegenüber der möglichen Sinnesfülle der Welt ist die Abspaltung der Sexualität von der Sinnlichkeit bereits ein schwerwiegender, kulturhistorisch-gesellschaftlich bedingter Kommunikationsverlust.

Aus der Erinnerung an die kulturhistorischen Fakten, die seit der ausgehenden Antike, seit der Entwicklung des Christentums zur Staatsreligion, für das Problem „Sexualität" maßgeblich geworden sind, ergibt sich folgender Sachverhalt:

a) Daß es zahlreiche Menschen gibt, die „sexuell" (sinnlich) normal kommunizieren können, d. h. die sowohl in der Häufigkeit des Geschlechtsverkehrs den von „Kinsey & Co." fixierten Normen entsprechen, die Dauer des Geschlechtsaktes weitgehend willkürlich kontrollieren können und es zu einem gemeinsamen Orgasmus mit dem Partner kommen lassen. Diese Vorgänge sind mit einem normalen Ablauf von Erektion, Ejakulation und Erschlaffungsphase beim Mann, Erregungs-, Orgasmus- und Entspannungsphase bei der Frau verbunden.

b) Daß die gleichen Menschen mit „normal" funktionierender Sexualität (Sinnlichkeit) jedoch in anderen Kommunikationsmöglichkeiten mit ihrer Umwelt erheblich eingeschränkt, gestört sein können.

c) Daß es aber ebenso Menschen gibt, die im Umgang mit anderen überaus differenziert und vielfältig kommunizieren, die sich im Emotionalen und Geistigen, aber auch im leibhaften Bereich vielschichtig darstellen und erleben, und zwar bei gleichzeitigem Unvermögen oder erheblichen Störungen, „sexuell" (sinnlich) zu kommunizieren – Menschen, die zur Ausführung des Geschlechtsaktes nicht oder nur unter größten Schwierigkeiten in der Lage sind.

Demzufolge gibt es Menschen, die „sexuell normal" („gesund") erscheinen, in anderen Bereichen jedoch unzulänglich, beschränkt und eingeschränkt kommunizieren, oder differenziert kommunizierende Menschen, die wiederum sexuell versagen. Solche Störungen der humanen Kommunikation sind Folge der genannten kulturhistorischen Entwicklung. Diese vernachlässigte, unterdrückte und entwertete die sinnlichen Erlebnismöglichkeiten des Menschen zugunsten der Entwicklung seines abstrakten Denkens, seines Intellekts, und spaltete darüber hinaus innerhalb der Sinnlichkeit die Sexualität künstlich ab, um sie entsprechend zu „verteufeln".

Das Kulturprodukt „Sexualität" ist auch nicht eine Folge des von der Psychoanalyse entdeckten Ödipuskomplexes. Dieser ist eine Widerstandserfahrung unter zahlreichen in der Kindheit der meisten Menschen, ein unspezifisches Vorkommnis[1].

Indem Freud und seine Schüler (für Kinseys Untersuchungen des sogenannten „sexuellen Verhaltens" gilt dasselbe) einer der Sinnlichkeit weitgehend entblößten, bei Freud nicht einmal mit dem Orgasmus entscheidend verbundenen Sexualität nachgingen, sind sie selbst Opfer der kulturhistorischen Entwicklung geworden. Außerhalb der Sinnlichkeit gibt es das Kunstprodukt Sexualität nur in entsprechend kommunikationsgestörten, pathologischen Fällen – und in der „Wissenschaft".

Trotz der kulturgeschichtlichen Entwicklung von 2000 Jahren, in denen die Sinnlichkeit abgewertet und Sexualität aus ihr „heraus-

---

[1] S. Dieter Wyss, Beziehung und Gestalt, II/12–13.

gestanzt" wurde, ist die leibhaft-existentielle Verankerung des Menschen in der Sinneswelt und sein Vermögen zu ihrem ungebrochenen Genuß als biologisch-konstitutionelles Phänomen der „Vitalität" stärker als die „Ankränkelung" durch den „Geist". Dieser freilich zeigte sich sinnenfeindlich von Tertullian und Augustinus bis zu Sigmund Freud und Kinsey.

Sieht man das sogenannte wissenschaftliche Studium des „sexuellen Verhaltens" (Kinsey) und die gewiß nicht ausschließlich, aber in entscheidenden Anteilen ihrer Theorie auf Libido, Phallus und Vagina bzw. deren Verdrängung fußende Psychoanalyse Freuds vor dem Hintergrund der gegensinnlichen (und protechnischen!) Kulturentwicklung, dann erkennt man, daß sie logische Fortführungen dieser Entwicklung sind. Die von ihnen „entdeckte" Sexualität ist ein verzerrtes und wissenschaftlich verbrämtes Artefakt; die „Sexualität", mit der sie bei ihrer Anwendung auf einzelne Menschen oder ganze Bevölkerungsschichten operieren, ist ein bereits krankes, weil kommunikationseingeschränktes Produkt. Festgestellt wird von ihnen nur etwas schon krankhaft Verzerrtes, und nur das kann eine Forschung feststellen, die einer gegen die Sinnlichkeit und die Sexualität eingestellten kulturhistorisch-gesellschaftlichen Entwicklung ausgeliefert ist; denn ihr fehlen die Voraussetzungen für das Erfahren von Sinnlichkeit.

Im Verlauf dieser Entwicklung ist Sexualität unter weitgehender Abstraktion von der sie einbettenden, sie umschließenden Sinnlichkeit als „Trieb" postuliert worden. Ihre Fixierung als ein mehr oder weniger „eindeutiger" Trieb vollzog sich auf der Grundlage einer pathologischen Kommunikationsreduzierung. Eine Wissenschaft, der eine solche – unerkannt bleibende – Kommunikationseinschränkung zugrunde liegt, entdeckt ihrerseits wiederum nur krankhafte Kommunikationsstörungen – zu denen sie selber führt. Denn sie ist selbst ein Teil der die Sinnlichkeit generell abwertenden historischen Entwicklung und der aus dieser hervorgegangenen Wissenschaft.

(Die Abwertung der Sinnlichkeit und des sinnlichen Erlebens durch die Wissenschaft überhaupt tritt in der Trennung primärer von sekundären Qualitäten durch Descartes erstmals in Erscheinung. Primäre Qualitäten sind nur die mathematisch erfaßbaren Bewegungen, sekundäre die Farben und Töne, denen dann im weiteren Fortgang der wissenschaftlichen Entwicklung die Realität zugunsten von Licht- oder Schallwellen abgesprochen wird.)

Die oben dargelegten Möglichkeiten der Störungen – nicht des sexuellen Verhaltens, sondern der sinnlichen Kommunikation – sind nicht zuletzt Folgen der allgemeinen geschichtlichen Entwicklung. Zusammengefaßt stellt sich der Sachverhalt so dar:

1. Kulturhistorische, leib- und sinnenfeindliche Entwicklung führt zur Abwehr der Sinnlichkeit überhaupt und zur Abspaltung der Sexualität von ihr, mit der speziellen Tendenz, die Sexualität zu tabuisieren.

2. Aus dieser Entwicklung ergeben sich Kommunikationsstörungen oder Einschränkungen im sinnlichen Austausch mit der Welt. Es entwickeln sich Individuen, die generell reduziert oder nur gestört kommunizieren können, bei gleichzeitigem Vermögen, noch sinnlich-sexuell zu kommunizieren. Umgekehrt gibt es Menschen, die sinnlich-sexuell nicht mehr zu kommunizieren vermögen, in anderen Bereichen jedoch differenziert sich mitteilen und antworten.

3. Die Abspaltung der „Sexualität" als Folge einer pathologischen gesellschaftlich-historischen Entwicklung wird zur Grundlage der „sexuellen Forschung", insbesondere der Psychoanalyse Freuds, aber auch der behaviouristischen Verhaltensforscher wie Kinsey, Master und Johnson u. a. Diese behandeln die Sexualität, als könne sie von der sinnlichen Erlebnismöglichkeit überhaupt gesondert erfaßt werden.

4. Damit werden sie ausschließlich den kommunikationsgestörten Individuen gerecht, bei denen die Sexualität als Teil der sinnlichen Kommunikation bereits deformiert und reduziert ist.

5. Sie übersehen jene Individuen, die z. B. im geistigen oder emotionalen Erleben nicht weniger kommunikationsgestört, sinnlich-sexuell jedoch „funktionsfähig" sind. Werden Störungen wie die sogenannte „Charakterneurose" auf Störungen der von der Kommunikation abgespaltenen Sexualität zurückgeführt, wird damit die Künstlichkeit der gesamten wissenschaftlichen Konstruktion auf die Spitze getrieben.

Die Sicht, die sich von hier aus auf die Sinnlichkeit ergibt, ist in hohem Maße verstellt, weil die eigentlichen Phänomene der Sinnlichkeit nicht mehr wahrgenommen werden können. Verkannt wird ferner, daß Krankheiten in einem viel umfassenderen Sinne Störungen auf den verschiedensten Ebenen möglicher Kommunikationen darstellen, als Psychoanalyse und Psychosomatik dies aufgrund der Begrenztheit ihrer theoretischen Modellvorstellungen von Sexualität und Aggression zu erkennen vermögen.

Die theoretische Klärung dieser Problematik war notwendig, um jetzt der Frage nachgehen zu können, ob „Sexualität" sich durch ihre Beziehung zur Zeugung von anderen Formen des sinnlichen Genusses unterscheidet. Haben nicht Generationen von Biologen, Philosophen und Theologen verkündet, der Zweck der Sexualität sei die Zeugung? Ohne in diesen Chor einzustimmen, der der Natur Zwecke (eben die Zeugung) unterstellt, bleibt die Frage zu beantworten, wie das Verhältnis zwischen Sinnlichkeit und Zeugungen beschaffen ist. Unterscheidet sich die Sexualität durch die spezifische Bindung an die Zeugung nicht vielleicht doch von den anderen Arten sinnlich-leibhaften Genusses und gibt es „Sexualität" deshalb nicht vielleicht doch? Denn was haben der angenehme Duft frisch geräucherten Schinkens oder der Geschmack einer Forelle als Sinnlichkeit mit Zeugung zu tun? Was haben das Erlebnis, wenn man sich kopfüber in einen Heuhaufen wirft, der Anblick eines vielfarbigen Abendhimmels, das Anhören eines Quartetts, das Spielen eines Instruments oder ein unbeschwert vergnügtes Vor-sich-hin-Singen, in denen sich unbekümmerte Sinnlichkeit und Sinnesfreude ausleben, mit Zeugung und geschlechtlicher Vereinigung gemeinsam?

Zeugung heißt die nie identische, aber ähnliche Reproduktion (Wiederholung) eines Lebewesens durch die Befruchtung. Mit deser entsteht ein Lebewesen. Wird die Lebensentwicklung als Gerade gesehen, so ist die Zeugung das eine Ende dieser Geraden, das andere der Tod. Wie auf der Seite des Todes Gestaltverfall, Auflösung, Niedergang, Moder, Zersetzung, der abstoßende Anblick verfallender Leichen oder verwesender Tierkörper, übler Geruch und grausige Bilder überwiegen, so auf der Seite der Zeugung und der Lebensentstehung die Bilder der Gestaltwerdung, der Verjüngung, des Knospens, Blühens, der Steigerung und Differenzierung. Im Unterschied zum Tod überwiegend in den Lebensprozessen anziehend-angenehme Bilder: eine Frühlingswiese, ein aufblühender Baum, springende, junge Ziegenböcke, turtelnde Tauben, spielende Kinder, Liebespaare. Durch die Bilder des Todes und Verfalls wird das Bedürfnis nach Sinnlichkeit abgestoßen, durch Zeugung, Wachstum und Entwicklung dagegen angezogen. Oder: Zeugung, Entstehung von Leben, Sinnlichkeit und Sinnenlust sind einander zugeordnet.

In der Sinnlichkeit wird das Entstehende, sich mitteilende Leben, das immer ein gezeugtes ist, wahrgenommen und aufgenommen. Aus der Zeugung entsteht sinnlich erfaßbares Leben, aus der Sinnlichkeit in weiterer Steigerung: Zeugung. *Zeugung ist letztlich die sinnliche Selbstbejahung des Lebens, das in der Bejahung sich als ähnliches wiederholt.* Durch die Sinnlichkeit nimmt der sinnlich erlebende Mensch an der durch sich ständig die Zeugung erneuernden, sich regenerierenden Natur nicht nur Anteil. Sinnlich empfindend regeneriert er vielmehr sich selbst in einer bei weitem noch nicht annähernd erforschten Weise.

In ihrer Bezogenheit auf Zeugung, die durch die über die Natur hinausgehende Kultur des Menschen (z. B. durch die „Pille") zu einer nicht mehr notwendigen, aber möglichen Folge der Sexualität geworden ist, ist Sexualität Sinnenfreude und Sinnlichkeit, die in der Zeugung kulminieren. Sexualität ist eine Spielart von Sinnlichkeit und wie alle Spielarten letztlich auf das sich immer wieder erneuernde, regenerierende Leben bezogen. (Hier sei an die platonische Interpretation des Eros als Zeugen des Menschen im Schönen erinnert.)

Wie, so stellt sich nunmehr die weitere Frage, ist das Verhältnis: a) zwischen Kommunikation allgemein, Sinnlichkeit und Sexualität? b) zwischen Liebe und Sinnlichkeit?

Maßstab zur Beurteilung von „gesundem" und „krankem" Verhalten ist, wie an anderer Stelle[1] dargelegt, der Begriff Kommunikation. Das Zusammenwirken der Kommunikation in den verschiedenen Weisen von Leibhaftigkeit und Emotionalität, von geistig-denkendem oder volitiv-handelnden Bezügen und wie sich daraus die Strukturen (Ebenen, Bereiche) der Ordnung und Orientierungsbeziehungen, der Leistung und Leibhaftigkeit entwickeln, kann hier nicht im einzelnen beschrieben werden. Kommunikation ist jedoch immer der umfassende, übergeordnete Bezug. Eine Weise (Modus) von Kommunikation ist z. B. die leibhafte (sie schließt auch physiologisch-biologische Abläufe ein) und dann speziell die sinnliche Kommunikation. Jeder besonderen Weise zu kommunizieren ist aber Kommunikation allgemein übergeordnet.

Alle Arten (Modi, Weisen) von Kommunikation wie auch ihre Strukturierung selbst stehen untereinander in ständigem kommunikativem Austausch – aber auch in Konflikt. Dieser kann zu Kommunikationseinschränkungen, zu Krankheit und Störungen des Gleichgewichts führen, ebenso jedoch zu Kommunikationserweiterungen. Auch das sinnlich-leibhafte Kommunizieren, das in der Liebesleidenschaft auftritt, ist nicht ohne die anderen Modi der Kommunikation zu denken. Es gibt keine Liebesbeziehung, die nicht auch emotionale, geistige, handelnde Berührungspunkte hätte, die nicht vor dem Hintergrund von Ordnungs- und Orientierungsbezügen, von ethischen Fragen, von einem bestimmten Verhältnis zur Leistung (Beruf) stünde und sie beeinflußt, wie sie umgekehrt auch von ihnen beeinflußt wird.

Der „übergeordnete" Bezug der Kommunikationsweisen und ihrer Darstellung in bestimmten Ebenen und Strukturen ist „übergeord-

---

[1] S. Dieter Wyss, Beziehung und Gestalt, Teil I/4 und Teil II ff. sowie ders., Mitteilung und Antwort, Teil IV und V.

net" nicht im Sinne eines sekundären „Überbaus". Das unauflösbare menschliche Subjekt als Einheit mit sich selbst stellt sich vielmehr in unterschiedlichen Weisen der Kommunikation und Strukturen als eines – und zugleich verschieden dar[1]. Es ist deshalb auch in den Liebesbeziehungen und in der Erwartung totaler Kommunikation stets eines, ganz, unauflösbar, einmalig. Es ist dieses eine, Unauflösbare in der Sinnlichkeit ebenso wie in den emotional-geistig betonten Kommunikationsweisen.

Wird in Erinnerung an die Ausführungen auf S. 16 von der Zuwendung im Sinne einer diffus-unspezifischen, noch alle Möglichkeiten besonderer Zuneigung einbeziehenden kommunikativen Bejahung dessen ausgegangen, was dann „Gegenstand" der Zuneigung wird, wie z. B. im anteilnehmenden Sich-Kümmern um das Kind, im Bemühen, es anzuleiten oder überhaupt auf es einzugehen. Eine Zuneigung stellt sich dar, die z. B. als „väterliche" oder „mütterliche" bezeichnet werden kann.

Der Lehrer mag sich dem Schüler, dem er sich erst unspezifisch zuwendet, in besonders geduldiger Weise zuneigen, sich seiner fürsorglich annehmen. Der Arzt neigt sich dem Patienten zu, indem er versucht, ihm Hilfe zu vermitteln, die über die sachliche Zuwendung hinausgeht. In der Zuneigung wird über die unspezifische Zuwendung hinausgehend in besonderer Weise Aufmerksamkeit geschenkt, geht die Zuwendung stets in ein bestimmtes, anteilnehmendes, auch soziales Handeln über.

Zuwendung allgemein, Zuneigung speziell können sich über verschiedene Kommunikationsmodi darstellen und sind doch durch das eine, jeweilig sich zuneigende oder zuwendende Subjekt eines.

Es gibt eine Zuneigung, die sich vor allem im Bereich des Geistigen abspielt, z. B. bei der Auseinandersetzung mit einem abstrakten Problem. Eine andere ist überwiegend leistungsbezogen: Zuneigung zu einem Beruf, einer handwerklichen Beschäftigung. Wiederum eine andere ist emotional bestimmt, eine weitere leibhaft-sinnlich, und diese zeigt sich in sportlicher Betätigung anders als in Essen und Trinken. Aber in jeder Zuneigung ist das eine Subjekt „ganz" da.

In der Verliebtheit und Liebesleidenschaft, dann in der Sinnlichkeit wird aus der Zuwendung als dem umfassenden Kommunikationsmodus die spezifische Zuneigung, wie sie hier schon früher charakterisiert wurde: Zuneigung, die sich einerseits durch Bejahung, Annehmen und das Bedürfnis nach faßlich-leibhafter Nähe des anderen auszeichnet und in der andererseits das Stre-

---

[1] S. Dieter Wyss, Beziehung und Gestalt, Teil I/4–5.

ben nach Identität mit dem Partner als ein spezifisch-treibendes Moment sichtbar wird. Dieses Bedürfnis erscheint in der Verliebtheit eher peripher, relativ oberflächlich und flüchtig, es ist bei Versagung oft schnell durch andere Beziehungen ersetzbar. In der Liebesleidenschaft dagegen wird die Zuneigung zu der geschilderten „Besessenheit" durch den anderen.

Der Verliebtheit und Liebesleidenschaft kommen durch die Sinnlichkeit letztlich eine lebhafte Bejahung des anderen zu: Zeugung im Sinne der Anteilnahme, der Partizipierung an der Sinnlichkeit des Geliebten, seines Aussehens, seiner Gestalt, der Augen, der Blicke, der Lippen, der Brüste, Beine und so fort.

Sinnlichkeit ist auch dann aufzuweisen, wenn z. B. in der sog. Pubertätsverliebtheit (Schwärmerei) oder in der stark gefühlsbewegten „romantischen" Zuneigung das Sinnliche nicht ein Schmecken, Ertasten, Umfassen, Riechen, Tasten des anderen, nicht ein Eindringen in ihn („Sexualität") ist, vielmehr das Anblicken Aufblicken, Anschauen, Betrachten, Hören, Erhören und Anhören des verklärten Partners – und damit die Fernsinne – im Vordergrund stehen. Die Fernsinne bestimmen die vergeistigte Sinnlichkeit der romantischen Zuneigung. Für diese Art der Liebesbeziehung, für die nicht unwesentlich ist, daß sie häufig „unglücklich", d. h. unerfüllt verläuft, trifft Platons Eros als „Zeugung im Schönen" zu. Denn der/die Geliebte wird bewundert, sie wird als schön, „überirdisch schön" oder „hinreißend schön" gesehen.

Selbst in der ausschließlich oder überwiegend „sexuellen" Beziehung ohne jede emotionale und geistige Beteiligung wie z. B. im Umgang mit Prostituierten, aber auch in stärkerer Promiskuität, selbst in Fällen extremer Kommunikationsreduzierung also, fehlen Momente sinnlichen Erlebens nicht völlig. Ohne ein Minimum sinnlichen Erlebens – der Körperwärme des anderen zum Beispiel oder der Beweglichkeit und Rhythmik des Leibes – ist auch der bezahlte Geschlechtsverkehr mit Prostituierten nicht denkbar. Allerdings stellt es sich so ausschließlich aus der Perspektive desjenigen dar, der den Geschlechtsverkehr mit einer Prostituierten oder einem prostituiertem Mann als „Kunde" ausübt. Für die Prostituierte oder den Prostituierten („Strichjungen") dürften mit dem Geschlechtsverkehr nur noch rudimentärste Erlebnisfragmente sinnlicher Kommunikation verbunden sein. Letzte Reste von Sinnlichkeit kommen schließlich sogar in der sogenannten „reinen Sexualität" aus dem Labor von Masters und Johnson[1], dem wissenschaftlichen Adäquat der Prostitution, vor.

[1] W. H. Masters u. V. E. Johnson, Die sexuelle Reaktion, Reinbek 1970.

Die Verbindungen dagegen, die trotz stärkerer Promiskuität noch mit Verliebtheit einhergehen, zeichnen sich – nach dem Motto „Variatio delectat" – häufig durch einen hohen Grad an Sinnlichkeit oft raffiniertester Art aus.

Zusammengefaßt stellt sich das Verhältnis von Kommunikation, Sinnlichkeit und „Sexualität" wie folgt dar:

1. Kommunikation in verschiedenen Weisen und Bereichen ist der übergeordnete Begriff, die Vielfältigkeit der Beziehungsaufnahme zwischen Individuum und Welt ist der sinnlichen Kommunikation vorgegeben.

2. Die sinnliche Kommunikation geht auf leibhafte Nähe des anderen, diese bejahend, aus. Sie ist eine Weise kommunikativer Zuwendung, die die Leibhaftigkeit des anderen begehrt.

3. Die Person, das menschliche Subjekt ist in allen Weisen der Zuwendung als eine und unteilbare anwesend; sich der Welt (verschieden) zuwendend, ist sie in der sinnlichen Kommunikation nicht weniger „ganz" da als in der geistigen.

4. Das wissenschaftliche Kunstprodukt „Sexualität" ist selbst in prostitutiven Beziehungen nicht zu beobachten. Auch sie enthalten ein Minimum an Sinnlichkeit, zumindest für den „Kunden". Ausschließlich kommt Sexualität nicht einmal in den Experimenten von Masters und Johnson vor, sondern allenfalls im „Erleben" einer anästhetischen Prostituierten.

Das Verhältnis von „Liebe" zu „Sinnlichkeit" stellt sich wie folgt dar:

1. In der Abfolge von Zuwendung, Zuneigung, Verliebtheit und leidenschaftlicher Liebe umschließt jede Zuneigung Sinnlichkeit im Sinne von Anteilnahme an der Leibhaftigkeit des von dem Geliebten oder Liebenden Dargestellten, Wahrgenommenen, Mitgeteilten. In diesem Sinn ist auch die sublim-geistige Zuneigung sinnlich, sie muß sich zumindest auf Gehörtes oder Gesehenes beziehen.

2. Liebe und Sinnlichkeit umschließen und bedingen einander. Sinnlichkeit ist nicht ohne Liebe denkbar, Liebe nicht ohne Sinnlichkeit – Sinnlichkeit allerdings umfassend verstanden.

3. In der Liebe ist jedoch nach dem Schwerpunkt der Beteiligung der Sinnesorgane zu unterscheiden: hier die mehr spirituellen von Gesicht und Gehör, dort die leibhafteren von Geruch, Geschmack und Tastsinn bis zur Steigerung aller Sinnesorgane in der Beteiligung der Genitalien als Organe leibhaft-intensiver Wahrnehmung. Für sie wird die Nähe des anderen unmittelbar, im Eindringen in den anderen oder im Durchdrungen-Werden von ihm.

## e) Ein Maßstab zur Beurteilung geglückter und gescheiterter Liebesbeziehungen

Liebesenthusiasmus und unbedingtes Vertrauen in „absolute Offenheit" schließen die Erwartung „totaler" Kommunikation ein. Geht man davon aus und vergleicht man die durch Unterschiede der Persönlichkeit, des Herkommens, der Disposition und der Ausdrucksmöglichkeiten bedingte faktisch mögliche Kommunikation von Liebespartnern mit dieser Erwartung, dann kann diejenige Liebesbeziehung als geglückt und erfüllt gelten, in der die größtmögliche Kommunikation – Kommunikation jeder Art und auf den verschiedenen Ebenen – differenziert verwirklicht wird. Dieser seiner Abkunft nach utopische Maßstab wird selbstverständlich stets durch die Besonderheiten der Partner, ihre Je-Einmaligkeit als Subjekte relativiert. Ein Handwerker- oder ein Angestelltenehepaar verfügt über andere Kommunikationsmöglichkeiten als ein Arbeiter- oder ein Akademikerpaar. Über diese soziale Relativierung hinaus muß auch noch innerhalb der jeweiligen Schicht die mögliche Kommunikation von der wirklichen unterschieden werden. Mißt man die faktische Kommunikation an jenem Maßstab, dann ist zu fragen: Gibt es für Herrn X und Frau Y, bezieht man ihre realen, z. B. sozialen Grenzen ein, noch weitere Arten der Kommunikation und in welchen Bereichen könnten sie außerdem noch kommunizieren?
Ein ebenfalls utopisches Ideal der Liebesbeziehung ist ferner, daß die Partner sich in ihrer Begegnung als eigenständige Personen wahrnehmen und das Verhalten des anderen nicht nur – positiv oder negativ – auf sich, den Liebenden, beziehen, sondern einander zugleich „distanziert" erfassen. Dazu gehört auch, die idealen Möglichkeiten des anderen, seine möglichen Charaktereigenschaften, Begabungen, Fähigkeiten, kurz: das, „was er sein könnte", zu sehen. Die Perspektive auf das Ideal-Mögliche darf indessen nicht für die realen, insbesondere die sozialen Gegebenheiten blind machen, unter denen der andere sich darstellt.
Der entscheidende Maßstab, ob eine Liebesbeziehung erfüllt ist, sollte jedoch die Art und Weise der Kommunikation der Liebenden bleiben. Dabei bedeutet Kommunikation nicht ständige Suche nach Übereinstimmung und Beleidigt- und Verletztsein bei mangelnder Übereinstimmung. Kommunikation schließt vielmehr Auseinandersetzung und das Bewußtsein ein, daß der andere auch einmal in Frage gestellt werden darf, um die bestehende Kommunikation über die Auseinandersetzung in einem Lernprozeß schrittweise zu erweitern.

Solchen Liebesbeziehungen stehen diejenigen gegenüber, in denen die Kommunikation deutlich reduziert ist, in denen sowohl die Arten als auch die Ebenen der Kommunikation stark eingeschränkt sind. Das kann den Grund haben, daß das Sich-Lieben nicht ausreiche, um vorhandene Kommunikationseinschränkungen durch die Liebesbeziehung zu überwinden, oder daß es nicht zu einem Lernprozeß gekommen ist, der über Begrenzungen und Gegensätze hinausgeführt hätte.

Grundsätzlich kann man sagen, daß eine Liebesbeziehung, die sinnlich voll erfüllt ist, in der die Partner aber kaum andere Kommunikationsebenen haben, ebensowenig geglückt ist wie eine Liebesbeziehung, in der die Partner nur im geistigen Bereich kommunizieren. Das Erleben Liebender widerspricht dem freilich zuweilen. Denn es kommt durchaus vor, daß eine ausschließlich geistige Liebesbeziehung als erfüllt und beglückend empfunden wird. Dies gilt ebenso für Beziehungen, in denen die Partner sinnlich bestens harmonieren, sich sonst aber „nichts zu sagen" haben.

Nimmt man darum auch das Erleben der Partner als Maßstab, ob eine Beziehung geglückt ist, dann ist außer diesem Erleben als zweiter Faktor noch das Wie und das Was der Kommunikation wichtig. Beides muß in ein Verhältnis zueinander gebracht werden, das stets Widersprüche umschließt, etwa: „Sie lieben sich zwar, aber sie verstehen sich nicht."

Die positiven Möglichkeiten einer erfüllten Liebe dürften jedoch am weitestgehenden dort ausgeschöpft werden, wo dem subjektiven Glückserleben eine Vielfältigkeit der Kommunikationsarten und Kommunikationsebenen entspricht. Und diese Übereinstimmung gibt es in der Wirklichkeit durchaus.

Ist es überhaupt nötig, nach einem Maßstab zur Beurteilung von Liebesbeziehungen zu suchen? Angesichts der Vielzahl gescheiterter Liebesbeziehungen und der Hilfsbedürftigkeit und Ratlosigkeit jener Liebenden, die nicht wissen, warum ihre Liebe allen Bemühungen zum Trotz ihren Erwartungen so wenig entspricht, *ist* es nötig. Obwohl ein solcher Maßstab nicht mehr als eine Orientierungshilfe sein kann, gibt er insbesondere den unglücklichen Liebenden die Möglichkeit, ihre Probleme zu erkennen, sich darüber auszusprechen und dadurch vielleicht zu einer gemeinsam erarbeiteten Erweiterung der Kommunikation zu gelangen.

# IV. Liebe als potentielles Nichten (Destruktion) des anderen

*a) Der „auch nichtende" Charakter von Kommunikation. Macht und Ohnmacht in der Liebesbeziehung*

Es ist oben bereits dargelegt worden, daß Kommunikation auch einen potentiell (der Tendenz nach) und einen manifest (offenkundig) nichtenden Charakter hat[1]. Der Kommunikation kennzeichnende Zusammenhang von Mitteilen – Geben – Nehmen – Antworten – (Nichten) soll im folgenden an einigen Beispielen präzisiert werden.

Ein so banaler Satz, in alltäglicher Kommunikation ausgesprochen, wie „Das Wetter ist heute schön" veranlaßt denjenigen, der darauf Stellung nehmend antwortet – gleichgültig, ob er die Aussage bejaht oder verneint –, sich im Stellungnehmen als ein Antwortender zu zeigen. Mit dem Satz „Ja, das Wetter ist herrlich", bringt er sich selbst zum Erscheinen, zur Geltung. Er zeigt sich und erweist sich damit als jemand, der im elementarsten Sinn überhaupt „da" ist und der mit seinem Da-Sein denjenigen, dem die Antwort gilt, beeindruckt, beeinflußt, auch bestimmt. Mit dem eigenen Sich-zur-Darstellung-, Sich-zur-Geltung-Bringen, dem anderen mit der Antwort „signalisieren", daß man da ist, wird dieser bereits „in Frage gestellt". Denn er empfängt einen Eindruck, der ihn auf sich zurückweist, der ihn selbst bei einer bejahenden Antwort, d. h. bei einer Bestätigung, beeinflußt und formt, ihn damit verändert. Durch die positive Antwort „Ja, das Wetter ist herrlich" wird die vorangegangene Mitteilung „Das Wetter ist heute schön" in sei es auch nur minimaler Weise eingeschränkt und zugleich begrenzt, wird der Sich-Mitteilende trotz der Bestätigung auf sich zurückgewiesen.

Dem reflektiert-gebrochenen Strahl vergleichbar, trifft die Antwort den, von dem die Mitteilung ausgeht. Diese Eingrenzung, Beeinträchtigung, Veränderung des anderen, damit sein In-Frage-Gestellt-Werden. Seine wenn auch minimale Nichtung, wird sehr viel deutlicher, wenn die Antwort den Sich-Mitteilenden *direkt* in Frage stellt oder gar negativ ist, wenn sie z. B. lautet: „Nein,

---

[1] Vgl. oben S. 45 f.; ferner D. Wyss, Mitteilung und Antwort, insbesondere II/6.

ich finde das Wetter heute schlecht." Hier wird die Stellungnahme zu der Mitteilung „Schönes Wetter, heute, nicht?" zu einem den anderen direkt, aggressiv-provokativ in Frage stellenden, ihn nichtenden Vorgang.

Ein anderes Beispiel. Die Mutter, die ihrem Kind sogenannte „emotionale Wärme" gibt und „Geborgenheit" vermittelt, es damit „einlullt", nimmt ihm gleichzeitig und unweigerlich die Möglichkeit, sich über den Widerstand als Selbständiges zu entfalten (obwohl die Kinderpsychologen behaupten, daß emotionale Wärme und Geborgenheit in der frühen Kindheit das A und O zukünftiger seelischer Gesundheit seien). In diesem Zusammenhang sei an die zahlreichen Kinder erinnert, die ihre emotionale Wärme spendende Mutter als bedrohlich und Angst erzeugend, d. h. nichtend, erlebt haben.

Im Kuß oder in der Umarmung der Liebenden wird dem Gefühl der Zuneigung und Anziehung Ausdruck gegeben. Es wird wechselseitig „Sich-Gegeben". Es wird aber auch genommen, und zwar wird der jeweils Sich-Gebende in der Hingabe vom anderen „vereinnahmt". Die in den meisten Liebesbeziehungen vorhandene Differenz zwischen dem stärker und dem schwächer Engagierten (Ergriffenen) wird schnell zu einer Differenz zwischen Geben und Hingeben hier, Nehmen und Vereinnahmen dort. Dadurch wird die Liebesbeziehung bereits in ihren vorsprachlichen Äußerungen zu einem In-Frage-Stellen, einem latenten Nichten des sich „mehr" Gebenden und sich eher Öffnenden durch den, der sich länger zurückhält, sich nur zögernd erschließt, der selbst nur schrittweise kommuniziert und das Geben des anderen beispielsweise in der Werbung mehr nur an-*nimmt*.

Aber auch derjenige, der sich scheinbar im Vorteil befindet, der sich immer wieder absichert, für den z. B. Zuneigung vielleicht in erster Linie eine sich messende Auseinandersetzung ist – auch er wird zunehmend in Frage gestellt und „genichtet". So liefert ihn sein überlegenes Nehmen der Zuneigung des anderen möglicherweise über Schulderleben (falls er dazu imstande ist) zunehmend an den sich vermehrt und stärker Gebenden aus, bis er sich plötzlich von diesem z. B. durch Verwöhnung „gefesselt" und gebunden sieht. Auf einmal ist so der „weniger Liebende", der Nehmende zum Unterlegenen, Abhängigen in der Beziehung geworden – wird nun er von dem Gebenden vereinnahmt, während der zunächst sich stärker Hingebende zum Nehmenden wird. Diese Umkehrung kann so weit gehen, daß der anfangs Zurückhaltende später zum „mehr" Gebenden wird, etwa wenn er fürchtet, eine ihm angenehm gewordene Verwöhnung zu verlieren. In beiden

Fällen ist Kommunikation als Nichtung, In-Frage-Stellen des anderen zu beobachten.

Die Zuneigung selbst, wie auch immer sie sich zeigt: vom unverbindlichen Tändeln und Flirt bis zum leidenschaftlichen Begehren, gewinnt darüber hinaus sowohl für den, der sie an sich erfährt, wie für den, dem sie gilt, oft einen bedrohlichen, nichtenden Charakter. Derjenige, der von der Zuneigung überwältigt und ergriffen wird, erlebt sich im Sog, im Griff einer Leidenschaft, die ihn mehr und mehr an unbekannte „Abgründe" ausliefert, vor denen er sich ängstigt. Er verliert seinen Spielraum relativer Freiheit und fühlt sich durch die Art seiner Zuneigung zunehmend sich selbst entfremdet. Er kennt sich nicht mehr. Im Ergriffen-Werden von der Liebesleidenschaft liegt ein Nichten der eigenen Person.

Ebenso kann sich derjenige, dem die Zuneigung gilt, von ihr bedroht fühlen. So positiv er die geschilderten Erlebnisse des Traumhaften, der Entrückung und Verzückung bis zu der Bestätigung in Abschirmung und Befriedigung auch empfindet, er wird auch verunsichert, weiß nicht, „wie ihm geschieht".

Zuneigung weckt die früher beschriebene Erwartung totaler Kommunikation, und das kann überaus positiv erlebt werden. Zugleich kann die so geweckte Erwartung jedoch – vom Umworbenen wie vom zuerst von der Leidenschaft Ergriffenen – als Angst erzeugende Beeinträchtigung von Freiheit und Selbständigkeit erlebt werden. Was in solchen Ängsten oder Befürchtungen zum Ausdruck kommt, ist häufig zu beobachtende tiefe Zwiespältigkeit der Liebenden gegenüber der Liebe selbst und ihren verschiedenen Möglichkeiten.

Der oben erwähnte Zwiespalt zwischen dem stärker und dem schwächer Liebenden, zwischen dem Werbenden und dem Umworbenen kann zu zahlreichen Konflikten führen, die sich hier als Übermacht der Zuneigung, dort als Ohnmacht zeigen. Durchaus nicht selten kommt es vor, daß sich der Umworbene zunehmend eingeengt und eingeschränkt, ja förmlich verfolgt fühlt und glaubt, daß er keinen Schritt mehr allein tun darf. Die Zuneigung des anderen wird nicht Anlaß zur Bestätigung der eigenen Person, sondern zu einer Tyrannei, die den Geliebten schrittweise zur Ohnmacht verurteilt. Was auch immer er allein tun möchte, einen Ausflug vorbereiten, ein Buch aus der Bibliothek holen oder sich mit jemandem treffen, alles wird ihm unmöglich gemacht. Wie im Wettrennen zwischen Hase und Igel kommt der andere ihm stets zuvor und ruft zwar nicht „Ich bin schon da", aber vielleicht „Ich habe Dir das schon abgenommen". Die Übermacht seiner Liebe führt zur Ohnmacht dessen, den er liebt.

Dieses Mißverhältnis zwischen Übermacht und Ohnmacht in der Liebesbeziehung tritt besonders häufig bei Rivalitäten um die Geliebte (oder den Geliebten) auf. Es wird von der übermächtigen Bedeutung des anderen für den Liebenden mitbestimmt und ist immer auch eine Frage unterschiedlicher Kommunikation und unterschiedlicher Temperamente. Es bedroht die Verbindung mit einem abrupten Ende. Denn meistens beginnt der andere irgendwann, sich gegen die Übermacht der Zuneigung zu wehren, nicht zuletzt deshalb, weil er selbst sich unfähig fühlt, die übermächtige Zuneigung gleichwertig zu beantworten. Die Abwehr kann aber ebenso Ausdruck eines – durchaus nicht unbegründeten – Mißtrauens sein. Denn erfahrungsgemäß hat die Liebesbeziehung für den besonders intensiv Liebenden auch den Aspekt des Eroberns. Ist die Eroberung erst einmal geglückt, verringert sich die Zuwendung manchmal sehr rasch. Wann die Abwehr einsetzt, ist auch gesellschaftlich-historisch bedingt, hängt z. B. davon ab, wie die Rolle des Werbenden und der Umworbenen bewertet wird. In europäischen Mittelmeergebieten etwa wird von dem Werbenden eine übermächtige Liebe geradezu erwartet. Um erhört zu werden, kann er gar nicht genug aufbieten. Hat er die Geliebte gewonnen, läßt die Intensität seiner Bemühungen jedoch meistens schlagartig nach. Es tritt dann eine drastische Rollenänderung und ein erheblicher Funktionswandel innerhalb der Beziehung ein.

In der Regel wird die Abwehr einer übermächtigen Liebe sehr genau und mit großer Empfindlichkeit registriert. Auseinandersetzungen, die dann nicht ausbleiben, und der Vorwurf, „Du liebst mich nicht so, wie ich Dich liebe", beschleunigen unter Umständen das Ende der Beziehung.

Eine andere Möglichkeit ist, daß der Passivere, in seiner Kommunikation eingeschränktere Geliebte sich in sein Schicksal, die Ohnmacht, ergibt und sich zunehmend der Aktivität des anderen überläßt, von dem er damit mehr und mehr abhängig wird – was er möglicherweise gesucht hat. Ist die Verbindung endgültig und als Ehe institutionalisiert, kann es freilich ein schmerzliches Erwachen geben, nämlich wenn der ohnmächtig Geliebte vielleicht anfängt, „den Spieß umzudrehen", und versucht, jetzt den anderen von sich abhängig zu machen. Dann gerät der übermächtig Liebende seinerseits in eine Abhängigkeit, in der er sich im Grunde genommen aber von Anfang an befunden hat: um seine Übermacht zeigen zu können, ist er immer schon von demjenigen abhängig gewesen, der weniger liebt.

Die Beispiele zeigen, daß Übermacht und Ohnmacht in der Liebesbeziehung aufs engste – „dialektisch" – miteinander verschränkt sind. Die Ohnmacht des einen ist die Übermacht des anderen, dessen Übermacht jedoch zugleich seine Ohnmacht ist. Denn in gewissem Sinne ist er wiederum auf den Ohnmächtigen angewiesen, der dadurch zugleich übermächtig ist[1].

Von dieser Ohnmacht- und Übermacht-Problematik und der mit ihr verknüpften Gefährdung der Liebenden wie der Liebesbeziehung ist die oben geschilderte andere Problematik zu trennen, daß engagiert Liebende, von der Liebe Ergriffene, sich durch die Leidenschaft selbst bedroht fühlen. Das kann auch in der Gestalt auftreten, daß man sich nach dem Erleben von Leidenschaft, Sexualität und Sinnlichkeit sehnt, dieses Erleben jedoch meidet oder vor ihm flieht, wenn es sich bietet. Es ist eine Einstellung, der man nicht nur in der Literatur des 19. und 20. Jahrhunderts wiederholt begegnet, sondern die immer wieder in der Sprechstunde des Psychotherapeuten oder Psychiaters zur Sprache kommt. Die Möglichkeit, sich zu verlieben, wird gesucht, gleichzeitig aber abgewehrt, weil die eigene Leidenschaft als Bedrohung gefürchtet wird. Diese Zwiespältigkeit gegenüber der Liebe selbst ist beim Mann vermutlich nicht weniger verbreitet als bei Frauen. Zwar hat der Mann im Lauf der historischen Entwicklung innerhalb der westlichen Zivilisation erhebliche Vorrechte erhalten, indem ihm insbesondere in der Liebeswerbung die aktive Rolle zugefallen ist; aber das bedeutet nicht, daß nur die Frau sich durch die aktive Werbung des Mannes bedroht fühlen kann. Ebenso dürfte der Mann die Bindung fürchten, sie so auffassen, daß er „an die Kette gelegt" wird.

In der Zuneigung der Partner füreinander sind also verschiedene nichtende Momente zu unterscheiden, die die Liebenden in ihrer Liebe in Frage stellen und die möglicherweise zu einem Kommunikationsende führen:

1. Das in jeder Kommunikation liegende In-Frage-Stellen eines Menschen durch den anderen, soweit dieser sich mitteilend, insbesondere antwortend kundgibt. Denn Antworten bewirken Veränderungen und Veränderungen schließen eine zumindest relative „Nichtung" einer Mitteilung, ihre Umformung durch die Stellungnahme ein.

---

[1] Vgl. hierzu H. Stierlin, Das Tun des Einen ist das Tun des Anderen, Frankfurt am Main 1971.

2. Die Unterschiedlichkeit der Liebe, von der im allgemeinen der eine stärker ergriffen ist als der andere, woraus sich Mißverhältnisse von Übermacht und Ohnmacht ergeben.

3. Das Erleben der Liebesleidenschaft selbst als nichtend-bedrohend.

4. Schließlich die faktischen Gegensätze der Partner. Bei Nachlassen der Intensität der Verbindung erhalten sie *als Gegensätze* immer mehr Gewicht und stellen damit jeweils den anderen in Frage.

### b) Weitere Momente gegenseitiger Nichtung in der Liebesbeziehung (Die sogenannte Antriebsproblematik)

In einer späteren Phase seines Denkens nahm Freud an, daß sich in der Liebe Aggression und Libido mischen. Er visierte damit auf seine Weise die in jeder Kommunikation enthaltene latente Nichtung des anderen an. Mit der (orthodoxen) psychoanalytischen Lehrmeinung über Triebe und Antriebe brauchen wir uns an dieser Stelle aber nicht auseinanderzusetzen[1].

Wichtig ist jedoch für unseren Zusammenhang die Unterscheidung zwischen spezifischen Trieben, in denen sich die historisch-gesellschaftlich entwickelten Bedürfnisse der Gattung Mensch äußern, und grundlegenden, aber diffus-unspezifischen Antrieben. Hier kann zwischen Einkörperung, Entkörperung und sozialen Antrieben unterschieden werden. In den Antrieben der Einkörperung entwirft sich der Mensch expansiv ausdehnend, besitzergreifend, vereinnahmend, machthungrig in die Umwelt und behauptet sich damit gegen sie. In der Entkörperung dagegen überwiegt im Entwurf auf die Umwelt die Anpassung an sie, findet sympathetisches Einfühlen in die Welt bis zur selbstauslöschenden Hingabe statt. Die sozialen Antriebe z. B. des Beschützens, des Mitleids, der Fürsorge, der – auch sinnlichen – Zuneigung schließlich stellen eine Verbindung der nehmenden mit den sich hingebenden Antrieben dar, eine „Mischung" von Einkörperung und Entkörperung. Wer sich in der Fürsorge aufopfernd um einen anderen sorgt, macht diesen anderen zugleich von sich abhängig, körpert ihn sich damit auch ein. Ebenso verhält es sich mit dem Beschützen: der Schwache wird von dem Starken zwar und womöglich unter Ge-

---

[1] Vgl. dazu D. Wyss, Beziehung und Gestalt und Strukturen der Moral.

fährdung des eigenen Lebens geschützt, trotzdem ist Beschützen unauflöslich mit Expansion, Ausdehnung und das heißt: Einkörperung des Zu-Schützenden verbunden, wie die Geschichte der sogenannten Schutzlosen ausgiebig beweist. Zur Zuneigung gehört sowohl, daß man sich dem anderen vertrauensvoll gibt (Entkörperung), als auch die Tendenz, den anderen zu nehmen (Einkörperung). Das liebende Besitzergreifen und Erobern ist unauflöslich damit verschränkt, daß der andere in seiner Zuneigung ebenfalls Besitz ergreift und erobert. Das schließt allerdings nicht aus, daß Rauben und Entführen bei Liebesbeziehungen nicht nur im westlichen Europa eine Rolle spielen oder lange gespielt haben. Sie haben universellen Charakter, treten als „Raubhochzeiten" oder gewaltsame Brautwerbungen auf und verraten u. a., daß in Liebesbeziehungen Einkörperung drastische Formen anzunehmen vermag.

Erobern, Besitz ergreifen, Herrschen, Bestimmen, Manipulieren hier, erobert werden, sich beherrschen, manipulieren, vielleicht sogar ausbeuten lassen dort, „Sadismus" und „Masochismus" sind in der Liebesbeziehung aber zugleich Formen der Destruktion und Schritte auf dem Weg zu einem Kommunikationsende. Sie entstammen dem triebbedingten Aspekt der Beziehung selbst, den im Extrem zur Vernichtung drängenden Antrieben der Ein- oder Entkörperung. Jede Liebesbeziehung schließt diese Möglichkeit ihrer Destruktion ein – aus der Leidenschaftlichkeit des Liebens selbst. Das Verhältnis von Geben und Nehmen beispielsweise in der geschlechtlichen Vereinigung macht das sichtbar. In harmonischen Fällen wird ein Gleichmaß von Sich-Geben, Sich-Hingeben, Sich-Entkörpern, den anderen nehmen, ihn vereinnahmen, ihn sich einkörpern wechselseitig verwirklicht. Sehr rasch aber kann die geschlechtliche Vereinigung in ein Überwiegen des Nehmens hier, des Genommen-Werdens dort umschlagen.

Von hier aus stellt sich die Frage nach möglichen Mißverhältnissen in der „Mischung" zwischen den Grundantrieben des einkörpernden Nehmens und des entkörpernden Gebens. Selbst dort, wo anscheinend ein solches Mißverhältnis besteht, muß es indessen nicht unbedingt als solches erlebt werden. Wer die vielfältigen Möglichkeiten erotisch-sinnlichen Umgangs überblickt, weiß, daß eine sado-masochistische Beziehung von den betroffenen Partnern durchaus glückhaft erlebt werden kann, obwohl ein Mißverhältnis zwischen einkörpernden Antrieben hier, entkörpernden dort vorliegt. Das Nichten des einen im Sadismus, das Genichtet-werden des anderen im Masochismus wird nicht als Nichtung, sondern positiv als Bestätigung erlebt.

Ebenso kann aber die Nichtung der Kommunikation in einer sogenannten Perversion von dem einen Partner als Bedrohung, als
Einschränkung, als aufgezwungene Umgestaltung empfunden werden, nicht jedoch von dem anderen. Nur in einem solchen Fall
sollte man nicht mehr von einer glückhaft-gegenseitigen sinnlichen
Kommunikation sprechen.

Geben und Nehmen in der Liebesleidenschaft, Einkörperung bis
zur möglichen Vernichtung des Partners hier, Entkörperung bis
zur Selbstauslöschung dort: das geht über die in jeder Kommunikation und in der Liebe selbst liegende Bedrohung des anderen
hinaus. Durch das Antriebserleben wird seine mögliche Nichtung
verstärkt.

## c) Die drei fundamentalen Enttäuschungen in der Liebesbeziehung

Es wurde oben dargelegt, daß es in einer Liebesbeziehung zum
Grunderleben gehört und ein Grundbedürfnis ist, die Identität mit
dem anderen zu suchen und mit ihm wie mit einem „verdoppelten
Selbst" zu verschmelzen. Sich mit dem anderen in allen Weisen
und Strukturen der Kommunikation eins zu fühlen, ist ein be-
stimmendes und bewegendes Moment der Liebe überhaupt. Grenzen der Identität, etwa Verschiedenheiten der geistigen Einstellung, Unterschiede des Fühlens, leibhafte Unstimmigkeiten werden häufig bereits als Abweisung erlebt.

Aus dem Bedürfnis nach dem anderen als einem zweiten „Ich-
Selbst" erwächst das Verlangen nach seiner ständigen Nähe. Diese
kann jedoch zur Gewöhnung, damit auch zu Indifferenz, Gleichgültigkeit und endlich Langeweile führen. Das ist ein im Lieben
selbst liegendes Mißverhältnis, und zwar ein wesentliches. Denn
es berührt das Problem der Nähe und Distanz in den menschlichen
Beziehungen. Es ist der Grund für tiefreichende Enttäuschungen.

Die Enttäuschung beruht schlicht auf der Tatsache, daß es eine
Identität der je-einmaligen Person mit einer anderen nicht gibt.
Es gibt bestenfalls Angleichungen und Ähnlichkeiten in den Weisen der Kommunikation und den Strukturen der Persönlichkeiten.
Daß aus dem Bedürfnis nach ständiger Nähe des anderen und der
Gewöhnung daran Gleichgültigkeit und Langeweile werden können und es dann zu zunehmender Distanzierung und Entfremdung, schließlich zu Kommunikationsverlust und möglichen Kommunikationsende kommt, ist die Folge der Erfahrung: Selbstaufhebung in einem anderen Ich, Identität mit ihm ist nicht möglich.

Der andere bleibt ein anderer. Daß Partner sich dies alles häufig nicht eingestehen, vielmehr so tun, als ob sie wie eine Person handeln, sich gleichzeitig aber „nichts mehr zu sagen haben", verrät, daß die sich ausbreitende Gleichgültigkeit nicht in ihrer eigentlichen Bedeutung erkannt wird. Diese Gleichgültigkeit ist Ausdruck der fundamentalen Enttäuschung, daß ständige Identität mit dem anderen nicht zu erreichen ist. Die Enttäuschung wird auch nicht dadurch aufgehoben, daß sich im orgasmischen Rausch, in Verzückung, Entrückung und Abschirmung scheinbar immer wieder Identität mit dem anderen herstellt. Denn diese Zustände fluktuieren, gehen vorüber, die Tatsache des Getrennt-seins dagegen bleibt bestehen.

Damit wird an der Wurzel des Liebeserlebens der Partner eine – wie es vorläufig scheint – widersprüchliche Struktur menschlicher Existenz sichtbar. Diese hebt sich z. B. im gemeinsamen orgasmischen Erleben auf und ist und bleibt dennoch immer Einzelexistenz. Die Liebesbeziehung läßt einerseits die Vereinzelung der menschlichen Existenz vergessen, andererseits ist diese Vereinzelung aber zugleich Voraussetzung des Liebesbedürfnisses. Denn gäbe es kein Getrennt-Sein, gäbe es keine Liebe.

Die überwiegende Anzahl der Liebesenttäuschungen geht auf die Erfahrung der Nicht-Identität mit dem anderen zurück. Verschiedenheiten des Fühlens, von Meinungen, Gesinnungen und Handlungen, aber auch in der Beziehung zum Leib, Verschiedenheiten, die anfangs von der Erwartung, der Hoffnung auf Identität in den Hintergrund gedrängt werden, treten im Verlauf der Liebesbeziehung immer mehr hervor, gewinnen an Gewicht und wirken sich aus. Vordergründig zeigt sich das Nicht-Identische z. B. in allen möglichen alltäglichen Gewohnheiten: in der Art, zu essen und trinken, in Fragen der Kleidung, des Geschmacks, bis hin zu Schlaf- und Aufwachgewohnheiten, von grundlegenderen trennenden Besonderheiten ganz zu schweigen, das heißt, daß im zunehmenden Erleben der Nicht-Identität mit dem anderen auch die faktischen Kommunikationseinschränkungen sichtbar werden. Das ist die zweite fundamentale Enttäuschung: die Partner erfahren die Unmöglichkeit totaler Kommunikation.

Neben der Erwartung „totaler" Kommunikation schließt die Erwartung von Identität auch noch die Erwartung „totalen" Vertrauens ein. Auch sie erfüllt sich nicht, erleidet vielmehr täglich von neuem unscheinbare, jedoch spürbare Einbußen. Werden diese nicht durch einen Lernprozeß ausgeglichen, schränken sie zunehmend auch das gemeinsam erlebte Vertrauen ein, das sich aus der Vertraulichkeit des leibhaften Umgangs ergibt.

Der abgeschirmte Zauberwald, das traumhafte Sich-eins-Fühlen wird nicht nur zu einer Gewohnheit herabgemindert; es wird von allen Seiten wie von einer Säure zersetzt. Schritt für Schritt verliert die Verbindung ihren verjüngend-bestätigenden Charakter. Es zeichnet sich ein mögliches Kommunikationsende ab, auch dann, wenn die Beziehung über Jahre hin harmonisch erscheint.

Differenzen in der Art und Weise der Liebeszuwendung (Übermacht, Ohnmacht) – sie machen sich meistens frühzeitig bemerkbar – vermindern die Erwartung auf totales Vertrauen, insbesondere die Möglichkeit, sich dem anderen vertrauend überlassen zu können. Das tritt vor allem dann ein, wenn dieses Sich-Überlassen auch nur einmal mißbraucht, wenn die Zuneigung ausgenutzt wurde, beispielsweise, um sich etwas besorgen oder bringen zu lassen oder wenn der andere um etwas gebeten worden ist, das einem selbst unangenehm ist. Ferner können die Fluktuation der Liebesstimmung, das einmal stärkere Verlangen nach sinnlicher Nähe, dann wieder die Flucht vor ihm, Tage, in denen fast gar kein Bedürfnis nach Kommunikation mehr vorhanden zu sein scheint, wenn das dem oder der Geliebten gegenüber deutlich geäußert wird, zu erheblichen Verstimmungen, zu Einbußen des Vertrauens, zu Vertrauensverlust führen. Denn der Wunsch nach totalem Vertrauen ist nicht bereit, Schwankungen der Befindlichkeit oder der Zuneigung zu akzeptieren. Sie werden als Abweisung und beginnendes oder schon eingetretenes Kommunikationsende registriert, mit allen Folgen, die sich daraus für das Vertrauen ergeben.

So beginnt der eine oder der andere, die Schwankungen seiner Zuneigung zu verbergen, aus Rücksicht auf den anderen, um diesen nicht zu enttäuschen und um nicht Abweisung zu provozieren. Damit ist die Verwirklichung des totalen Vertrauens aber bereits in Frage gestellt. Das ist, geschieht es durch Rücksichtnahme, jedoch immer noch positiv, verglichen mit der Drohung des Kommunikationsendes, beispielsweise durch sogenannte „offene" – das heißt unverblümt-brutale – Äußerungen wie „Laß mich in Ruhe, ich hab' heute keine Lust" oder „Ich weiß nicht, ob ich überhaupt noch etwas für Dich empfinde" oder „Laß Dir mal was Neues einfallen, damit ich mich wieder für Dich erwärmen kann". Derjenige, dem so etwas gesagt wird, der die Beziehung aber – aus Liebe (?) – trotzdem erhalten möchte, wird unversehens in die Rolle des alles Verstehenden, alles Akzeptierenden und damit teilweise auch des unfreiwillig Überlegenen gedrängt. Oder es wird Abweisung, Abkehr, Kommunikationsende provoziert. In jedem Fall wird das Vertrauen erschüttert. Läßt sich der betroffene Partner auf die Provokationen ein und bezieht er Stellung, wird der andere gewiß nicht zögern, ihn, den er provozierte, auch noch die „Schuld" am Kommunikationsende zu geben.

Der Lernprozeß in der Liebesbeziehung setzt ein, wenn die Partner über die unausbleibende Enttäuschung in der Hoffnung auf Identität, totale Kommunikation und totales Vertrauen hinausgehend beschließen, dennoch zusammenzubleiben – um voneinander zu lernen. In diesem Augenblick wird die Liebesbeziehung aus einem nicht voraussagbaren, nicht verfügbaren „Naturgeschehen" zu einem Kulturprozeß, der bewußte Arbeit der Beteiligten verlangt.

## d) Gefährdung und Nichtung durch faktische Kommunikationseinschränkungen

Scheitert eine Liebesbeziehung, ist es meistens schwer und nur im nachhinein festzustellen, ob reale Kommunikationseinschränkungen der Grund waren oder ein Nachlassen des Liebesimpulses; denn stets ist eines mit dem anderen verschränkt. Worauf es hier ankommt, ist jedoch die Einsicht, daß Einschränkungen der Kommunikation die vierte fundamentale Enttäuschung in einer Liebesbeziehung darstellen können. Es ist die Enttäuschung darüber, daß der andere anders ist, als man erwartet und sich vorgestellt hat, und daß sein Anderssein auf realen Gegebenheiten beruht. Das heißt jedoch nicht, daß Grenzen der Kommunikation zwangsläufig zerstörend wirken müssen. Zumindest unter den Lebensverhältnissen, wie sie sich in den letzten Jahrzehnten in den Industriestaaten entwickelt haben, gibt es genauso Liebesbeziehungen, denen Kommunikationsschwierigkeiten nichts anhaben können, wie es Liebesbeziehungen gibt, die an Kommunikationsschwierigkeiten scheitern. Was die einen Partner trennt, kann für die anderen zu einer Herausforderung werden, an der sich ihre Liebe bewährt.

Wir brauchen hier nicht im einzelnen die Kommunikationsgrenzen aufzuzeigen, die sich aus der Verschiedenheit der Konstitution, des Herkommens und der Lebenssituation der Partner, ihrer geistigen Orientierungs- und Ordnungsbezüge, ihres Verhältnisses zum Gefühl, zu ihrem Körper und zum Handeln ergeben können. Wichtiger ist, daß Unterschiede, die Außenstehenden häufig unüberbrückbar erscheinen – z. B. in einer Ehe zwischen einer Farbigen aus einer Arbeiterfamilie und einem weißen Akademiker, zwischen einem überzeugten Moslem und einer ebenso überzeugten Katholikin oder zwischen einem Fernfahrer und einer Ärztin – häufig ausgeglichen, kompensiert, gemeistert werden können, beispielsweise durch Kommunikation im körperlich-emotionalen Bereich.

„Meistern" (Bewältigen[1]) bedeutet dabei stets, daß die die Kommunikation einschränkenden Gegensätze etwa infolge unterschiedlicher Herkunft mit entsprechend anderen Gewohnheiten und Lebensanschauungen oder infolge unterschiedlicher Überzeugungen, Gegensätze auch durch Unterschiede in der Art und Weise zu kommunizieren, dadurch ausgeglichen werden, daß andere Möglichkeiten von Kommunikation verwirklicht werden. Auch wenn die beglückende Intensität der Liebesbeziehung nachläßt, die „objektiven" Gegensätze und mit ihnen allmählich die faktischen Kommunikationseinschränkungen sichtbar werden, ist ein solcher Ausgleich möglich. So können Spannungen, wie sie sich aus Gegensätzen des Herkommens ergeben, geradezu zum Anlaß werden, immer von neuem Kommunikation zu suchen und zu finden. Ebenso können Auseinandersetzungen über Fragen der Lebensanschauung oder des Umgangs mit Freunden und Bekannten beispielsweise durch verstärktes gegenseitiges Bemühen um emotional-anteilnehmendes Verstehen und durch Zärtlichkeit, Wärme, Einfühlung in den anderen kompensiert werden. Bei anderen Partnern freilich führen faktische Schwierigkeiten der Kommunikation vielleicht zu Entmutigung und Resignation. Denn der Ausgleich von Grenzen der Kommunikation in einer Liebesbeziehung verläuft nicht nach irgendeinem Schema. Die individuelle Verschiedenheit ist so groß, daß es sogar bei weitgehender Übereinstimmung zu einer Kommunikationseinschränkung kommen kann, wenn sich aus dem Fehlen von Gegensätzen Langeweile und Überdruß aus Mangel an Spannung entwickelt.

Gegensätze, die man immer wieder beobachten kann, sind etwa: Weltanschaulich bedingte Hemmungen gegenüber der Sinnlichkeit hier, starke, ungebrochene Sinnlichkeit dort; extreme Reinlichkeit hier, Nachlässigkeit dort; geringe geistige Fähigkeiten hier, ausgeprägte Intellektualität dort; kleinbürgerliche Lebensauffassung hier, großbürgerliche Gewohnheiten und Anschauungen dort; betonte Leistungs- und Berufsbezogenheit hier, fehlendes Verhältnis zur Arbeit dort; penible Verantwortlichkeit im Handeln hier, Neigung zu Pfuscherei dort – und so weiter. Die Ausgleichsmöglich-

---

[1] „Bewältigen" als fundamentaler Kommunikationsmodus, s. Wyss, Mitteilung und Antwort, Teil II, Kap. 1–3.

keiten in anderen Bereichen und durch andere Arten der Kommunikation sind zahlreich. Unterschiede im Verhältnis zu Leiblichkeit und Sinnlichkeit beispielsweise können durch gemeinsames Berufsstreben ausgeglichen werden, mangelnde geistige Kommunikation durch verstärkte sinnliche Zuneigung, geringe Kommunikation im Leistungsbereich (keinerlei Austausch über berufliche Probleme) durch Gemeinsamkeiten in weltanschaulichen oder religiösen Fragen. Ein Ausgleich für Unterschiede des Herkommens kann die Kommunikation im Fühlen, in den Befindlichkeiten, im Genuß, aber etwa auch gemeinsames Erledigen und Bewältigen der alltäglichen Probleme sein. Verschiedenheit der Auffassungen über die Erziehung der Kinder kann z. B. durch die Gemeinsamkeit einer liebevoll-bejahenden Einstellung zu ihnen oder durch sinnlich-leibhafte Beziehungen kompensiert werden.

Das sind nur wenige, überdies stark vereinfachende Beispiele, die indessen leicht zu vermehren und zu differenzieren wären. Nichtsdestoweniger führen sie vor Augen, daß es bei nachlassender Intensität der Liebesbeziehung, dem Gewahrwerden der vier fundamentalen Enttäuschungen und zunehmendem Hervortreten von Gegensätzen und Einschränkungen der Kommunikation für die Partner viele und die verschiedensten Möglichkeiten gibt, Mittel und Wege für einen Ausgleich (Kompensation) zu finden. Tatsächlich geschieht das ja auch wiederholt in zahlreichen Verbindungen, insbesondere in den als Ehe institutionalisierten, und ermöglicht den Partnern, ihre Beziehung fortzuführen. Gemeinsam kompensatorische Möglichkeiten zu entdecken, ist ein Teil des Lernprozesses, um die vier fundamentalen Enttäuschungen in der Liebe zu bewältigen. Und immer wieder ist zu beobachten, daß das Bemühen, einen Ausgleich zu finden, selbst eine schon deutlich verringerte Zuneigung der Partner füreinander wieder verstärkt.

*e) Gefährdung und Nichtung von Liebesbeziehungen durch Bindungsprobleme*

Es liegt im Wesen der Liebesbeziehung, daß Liebende sich – jedenfalls für die Dauer ihrer Beziehung und auch vor deren eventueller Institutionalisierung als Ehe – aneinander binden. Dahinter steht das ganz schlichte Bedürfnis nach Dauer der Nähe des anderen. Sie soll die Einheit mit ihm verbürgen. Auch die Erwartung „totaler" Kommunikation und „totalen" Vertrauens fordert diese Nähe. Aus dem Bedürfnis nach ihr ergibt sich – wie gesagt:

vor jeder Institutionalisierung – dann die Bindung an den Partner. Im Vergleich zu der Bindung z. B. an Familienangehörige, Freunde oder Gesinnungsgenossen zeichnet sie als Besonderheit eben dies aus, daß Liebende im anderen die Erwartung auf Identität, totale Kommunikation, totales Vertrauen und deren sinnlich-orgasmische Bestätigung erwecken. Die Bindung vertieft sich, wenn die Partner sich darüber hinaus in dem Sinn „gefunden" haben, daß sie sich wirklich gegenseitig erkunden, einander erschließen und ihre Liebesbeziehung auf Vertrauen gründet. Sie vertieft sich noch mehr, wenn sich für die vorn beschriebenen nichtend-destruktiven Tendenzen ein Ausgleich und damit eine tragende Basis der Beziehung entwickelt, zu der beide immer wieder zurückkehren können.

In einer zunehmend promiskuös orientierten Zeit schließt eine solche Bindung jedoch keineswegs aus, daß zugleich eine gleichartige andere Bindung besteht. Aber auch heute noch sind Liebesbindungen (einschließlich ihrer sinnlich-orgasmischen Bestätigung) an mehrere Menschen meistens nur kurzfristig und von erheblicher Problematik. Diese Problematik soll uns hier aber nicht beschäftigen.

Beschäftigen muß uns jedoch, daß eine Liebesbeziehung durch die Bindung der Partner aneinander gefährdet ist. Diese Gefahr ist mit eben den Faktoren verknüpft, die die Bindung herbeigeführt haben. Enttäuschungen schränken das ursprünglich erkämpfte oder – je nachdem – geschenkte Vertrauen ein, ebenso ergeht es der Hoffnung auf Identität und totale Kommunikation mit dem anderen. Die Kommunikation, die eines Tages nicht mehr überwiegend oder ausschließlich der Auseinandersetzung mit dem anderen und der Annäherung an ihn dient, verflacht, die Nähe bewirkt, daß er bekannt und „ausgeschöpft" erscheint. Was zu Beginn der Beziehung noch höchstes Entzücken auszulösen vermochte – eine bestimmte Körperbewegung, ein Lächeln, ein Aufblicken – wird jetzt kaum noch bemerkt. Das Verlangen, mit dem geliebten Partner viel, häufiger, dauernd zusammen zu sein, das Drängen, sich möglichst bald wieder zu treffen, läßt nach, die gemeinsamen Stunden, aus denen gemeinsam erlebte Tage, Wochen, Monate, Jahre geworden sind, verlieren an Reiz und die Bindung, die sich aus dem starken Bedürfnis nach andauernder Nähe und seiner Erfüllung entwickelt hat, wird zur Verpflichtung. Gleichgültigkeit und Langeweile kündigen sich an – die Beziehung droht, an der Bindung selbst zu scheitern.

Die gemeinsame Vertrauensbasis ist nicht unbedingt erschüttert, aber wird als Kapital verzehrt, für das keine Arbeit mehr geleistet wird. Sie ist selbstverständlich geworden und weist keine neuen Wege mehr, sich gegenseitig zu erkunden und miteinander auseinanderzusetzen, sondern sie wird zur Plattform von Platitüden. Die Gewöhnung an das sinnliche Erleben, das die Bindung außerordentlich verstärkt, gefährdet sie zugleich. Sie gefährdet sie in dem Maße, in dem das leibhaft-sinnliche Zusammensein nicht mehr das Traumhaft-Verzückte und ein ekstatisches Erleben vermittelt, sondern einen voraussagbaren Verlauf nimmt, nach dessen Abschluß zu Zeitung oder Zigarette gegriffen wird. Sehr häufig ist damit das Ende der Liebesbeziehung besiegelt. Sie wird auch nicht durch „Seitensprünge" in pornographische Literatur oder Filme aufgefrischt. Die Bindung, nach der die Liebesbeziehung natürlicherweise strebt, gräbt ihr auch das Grab.

Das wird in der institutionalisierten Form der Bindung noch offensichtlicher. Hier stört, ja unterminiert insbesondere der soziale Rollenwechsel die Liebesbeziehung. Aus der Geliebten wird die Mutter und Hausfrau, deren Interesse naturgemäß nicht mehr ausschließlich der Geliebte ist. Er muß es mit den aufwachsenden Kindern teilen. Der Ehemann ist berufstätig, sein meistens geregelter Tageslauf reduziert die spontane Kommunikation erheblich. Sie wird erst möglich, wenn die Kinder abends versorgt und im Bett sind und der Haushalt erledigt ist. Wenn dann ein vertrautes Gespräch zustandekommen könnte, ist der Mann oder sind beide häufig „ausgelaugt" und nur noch begrenzt dazu bereit.

Fügen Liebende sich in die Gesellschaft und deren Notwendigkeiten wie das Arbeits- und Berufsleben ein, ist diese Sozialisation ihrer Liebesbeziehung häufig mit dem Verlust der Verzauberung verbunden, die das Wesen der Liebe mit ausmacht. An ihre Stelle treten soziale Verantwortung (vielleicht auch soziales Prestige), neue Pflichten, häufig Verzicht der Ehefrau auf eine selbständige Tätigkeit, zumindest solange es für sie – mit Recht – Vorrang hat, sich noch kleinen Kindern voll zu widmen.

Die vielfältigen Probleme, die sich aus der Institutionalisierung einer Liebesbindung ergeben, lösen zahlreiche Ängste aus, überhaupt eine Bindung einzugehen. Sie können so stark sein, daß der psychologische Rat eines Fachmanns gesucht wird. In der Regel sind diese Ängste keineswegs ausschließlich auf bereits vorhandene Bindungen an Eltern, an einen Bruder, eine Schwester oder jemanden anderen zurückzuführen, d. h. es braucht sich durchaus nicht um einen Konflikt zwischen alten Bindungen und einer neuen zu handeln. Häufiger als man gemeinhin annimmt, kommt es vor, daß sensiblere Menschen die Möglichkeit des Scheiterns einer Liebesbeziehung an der Bindung selbst ahnen und diese darum entsprechend abwehren. Vor diesem Hintergrund werden Liebes-beziehungen verständlich, in denen die Partner sich freiwillig zu einer gewissen Distanz entschließen und dauernde Nähe, die ständige Anwesenheit des anderen von vornherein vermeiden, obwohl sie die Gefahren sehen, die das mit sich bringt, beispielsweise den Verlust des oder der Geliebten durch eine andere Beziehung.

Angesichts der zahlreichen Dokumente, Briefe, Bekenntnisse, Berichte und therapeutischen Gespräche, die belegen, wie häufig Liebesbeziehungen an der Bindung selbst zugrunde gehen, ist es nicht überraschend, daß die Menschheit in ihren verschiedenen gesellschaftlichen Verfassungen zahlreiche Versuche unternommen hat, dieser scheinbar schicksalhaft-unausweichlichen Entwicklung vorzubeugen. Das geschah z. B. durch weitgehende Sanktionierung des Konkubinats, der sogenannten Mätressen oder Hetären, der Liebesbeziehung zur „linken Hand". Die Ehe, die Aufzucht von Kindern und die damit verbundene soziale Verantwortung galten demgegenüber weithin als Institution und Aufgabe, die nicht unbedingt oder gar nicht mit Liebe verbunden sein brauchte, sondern traditional vorgegeben oder ökonomisch orientiert waren. Nicht zuletzt ist im aufsteigenden Bürgertum Liebe lange Zeit als „Schnickschnack" abgetan worden und standen ökonomische Gesichtspunkte der Bindung im Vordergrund. Eine ähnliche Auffassung wird heute teilweise in staatssozialistischen Ländern vertreten, so etwa in China.

Falsch wäre es indessen zu meinen, die Bindungsproblematik sei in erster Linie mit der Institutionalisierung einer Liebesbeziehung verknüpft. Noch einmal sei betont: Es ist das in der Liebe selbst liegende Verlangen nach Bindung, das viele Liebesbeziehungen bedroht und oft ein Kommunikationsende herbeiführt. Dies auch dann, wenn die Angst, den anderen zu verlieren, zur Bereitschaft führt, die Bindung zu verstärken. In einer großen Anzahl von Fällen setzt diese Entwicklung ein, wenn die Liebe mit der Sozialisation der Partner „entzaubert" wird, d. h. wenn diese sich der Gesellschaft, der sie sich vorübergehend entzogen haben, gemeinsam wieder zuwenden, ohne daß ihre Verbindung bereits institutionalisiert zu sein braucht.


*f) Gefährdung und Nichtung durch die Fluktuation des Seelischen (Emotionalität)*

Unter „Fluktuation" sei ein Grundmerkmal seelischen Erlebens verstanden, das sich durch ständige Bewegung, Kommen und

Gehen, Aufsteigen und Verschwinden von Antrieben, Gefühlen, Stimmungen und Gedanken auszeichnet. Die Stetigkeit des Unsteten (Fortbewegung von z. B. ganz zusammenhanglosen, nicht durch äußere Umstände oder Inhalte bewirkte, unterschiedlichste psychische Gefühle, Gedanken, Stimmungen) ist jedem, der sich selbst und seine Umgebung beobachtet, ein bekanntes Vorkommnis: Wer des morgens in einer heiteren Stimmung erwacht, wird nicht die Hand dafür in das Feuer legen, daß er nur wenige Minuten später sich noch in derselben „guten Laune" antrifft. Wer einem Menschen gegenüber ein deutliches Gefühl der Sympathie verspürt, weiß, daß diese Empfindung sich von Augenblick zu Augenblick ändern kann. Wer abends nach Durchleben eines normalen Arbeitstages sich fragt, was für Leidenschaften, Gefühle, Stimmungen ihn tagsüber bewegt haben, wird eine außerordentliche Fülle erinnern, die, höchst unterschiedlich und situativ mitbedingt, ihn beherrschten.

Die Fluktuation der Emotionen steht nicht hinter der ständigen Bewegtheit des Gedankenablaufs, der abstrakten Begriffe wie der Bilder und Erinnerungen zurück, die als sog. „Bewußtseinsstrom" seit W. James die Aufmerksamkeit der Psychiater und Psychologen („freie Assoziation") erregt haben.

Diese Fluktuation des Seelischen schließt nicht aus, daß bestimmte Grundstimmungen, Einstellungen, aber auch Überzeugungen und Eigenschaften einer Person relativ konstant erscheinen, da es sonst keine „Identität mit sich selbst" gäbe. Die Schwankungen des Seelischen, insbesondere der Stimmungen, ist den Verliebten und leidenschaftlich Liebenden durchaus als Kommen und Gehen der Intensität ihrer Zuwendung vertraut.

Der Mensch, dem eben noch im Telefongespräch äußerste, fast physisch erlebte Zuneigung galt, erscheint, ist er plötzlich im gleichen Raum, fast fremd. Die Zuneigung zu ihm ist „verschwunden", „abhanden gekommen", um dann, wenige Augenblicke später, vielleicht im Zusammenhang einer Umarmung, einer Zärtlichkeit oder auch in einer Auseinandersetzung, wieder aufzuflammen. Die Zuneigung mag sich in ihrer besonders leidenschaftlichen Form für ganze Tage entziehen – zum Entsetzen des Partners scheint sie „verschwunden"; „man liebt nicht mehr". – Es bedarf dann mitunter besonderer Anstrengung und künstlicher Mittel, wie das Betrachten von Fotographien, das Beschwören von Erinnerungen, um das Gefühl der Zuneigung in sich wieder zu finden.

Ein Verliebter erwacht am Morgen, er denkt an seinen Partner, um mit Erschrecken festzustellen – vielleicht aber auch zu seiner

Erleichterung –, daß von seinen „flammenden" Gefühlen kein Funke mehr übrig geblieben ist. Soll er X. Y. überhaupt noch einmal anrufen? Soll er nicht die Gelegenheit wahrnehmen, „Schluß zu machen", sich „auf französische Art" zu verabschieden? Kaum ringt er sich zu diesem Entschluß durch, überkommt ihn die Verliebtheit in erneutem Ansturm. Er ergreift das Telefon, um vermittels dessen die Stimmung des anderen zu erkunden. Der andere, den Anruf schon erwartend, verliert nun seinerseits beim Hören der Stimme plötzlich jede Zuneigung dem Anrufenden gegenüber. Das verstärkt bei dem Anrufenden, der eben noch mit seiner darniederliegenden Zuneigung zu kämpfen hatte, diese erheblich. Mit einmal ist er wieder der Werbende, der aktiv sich um den bemühen muß, der dort am Telefon einen resigniert-apathischen Eindruck erweckt.

Das Liebesempfinden, sei es in der peripher-aufflammenden Art der Verliebtheit, sei es in der dramatischen der Leidenschaft, ist nicht verläßlich. Es kommt und geht, wie „es will". Da ihm kein „eigener Wille" zugesprochen werden kann, sei es durch folgende Verben charakterisiert: Es verlöscht, steigt auf, versinkt, es taucht empor, entschwindet, es entzündet sich, es fängt sich, es löst sich auf, es zeigt sich, es geht unter, es ist verschüttet, es lodert auf, es flammt auf, es verraucht, es ist ganz und gar entschwunden.

Jetzt werden die Ängste der Liebenden verständlich, nicht mehr zu lieben und das Gefühl, dem sie ihre Existenzintensivierung verdankten, plötzlich zu verlieren. Es ist die Angst, daß dieses Gefühl so davonfliegt, wie es einem angeflogen kam – einem Schnupfen vergleichbar.

Die extreme Unbeständigkeit und Fluktuation der Liebe, insbesondere auch der Sinnlichkeit – die sich dem einen in der Straßenbahn aufdrängt, bei dem anderen komplizierteste Erweckungsmanipulationen bedarf, bei dem Dritten regelmäßig mittwochs und samstags nach dem Abendbrot sich einstellt, den Vierten während eines Kaffeekränzchens belästigt – gibt immer wieder Anlaß zu Konflikten, Mißverhältnissen und eingreifenden Enttäuschungen.

Aus der Fluktuation der Liebesstimmung des Ergriffen-Seins kann im Lernprozeß zunehmend eine gegenseitige Abstimmung entwickelt werden, wenn die Beziehung nicht von vornherein an den unterschiedlichen Gestimmtheiten vor allem der Sinnlichkeit scheitern soll. Dabei geht es im Lernen letztlich um das gegenseitige Abstimmen z. B. des sinnlichen Verlangens: wenn der eine Partner „keine Lust" hat, der andere aber um so mehr, ist es der Phantasie und der Vorstellungsgabe des sinnlich Erregten überlassen, im anderen ähnliches Begehren zu erwecken. Zum Bestandteil des Lernens gehört die gegenseitige Abstimmung der Stimmungsschwankungen (s. u.).

Auf dem Hintergrund der Unbeständigkeit und Empfindlichkeit der Liebe sind nicht nur die seit den Minnesängern üblichen Treueschwüre und verbindlichen Versprechen zu verstehen, das „Ja-Wort" nicht weniger wie die entscheidende Eröffnung des „Ich liebe Dich". Es sind Worte, die einmal ausgesprochen, dem Geliebten das unglaubhaftige Wunder der Zuneigung, aber auch die Bürgschaft ihrer Dauer kundtun sollen. Darüber hinaus entstammen diese Versicherungen nicht zuletzt auch der Angst, daß das Gefühl für den anderen möglicherweise nachläßt, sich verliert, „aufhört". Mit dem Treueversprechen will man sich gegen den Verlust der Zuneigung durch die Bindung absichern. Es wird ein Vorgang – Bindung – eingeleitet, der dann möglicherweise sogar den Verlust der Zuneigung, des Gefühls und damit des Partners beschleunigt. Das Gegenteil wird bewirkt von dem was erhofft wurde.

Es gibt aber auch Personen, die aus der Erfahrung der Fluktuation und relativen Unbeständigkeit des Liebesempfindens die Bindung scheuen, da sie sich selbst – mit gutem Grund – nicht „trauen". Auf diesem Hintergrund werden jetzt die Gesellschaften verständlich, die aus Mißtrauen dem Eros gegenüber eine Kombination institutionalisierter Heiraten mit Liebesleidenschaften im Vorhinein ablehnten.

g) *Gefährdung und Nichtung durch Konflikte der männlich/ weiblichen Rolle. Das Problem der „Parität"*

Da sich die Zivilisation der industrialisierten Welt seit der Jahrhundertwende – wie die Soziologen versichern – durch zunehmenden Verfall der sozial definierten Rollen auszeichnet, davon insbesondere das Verhältnis des Mannes zur Frau (und umgekehrt) betroffen ist, bleibt die Rückwirkung des sog. „Rollenverlustes" auf die Liebesbeziehungen nicht aus.

Schlüsselgewalt der Frau im Haus, Unterordnung des Mannes unter die Frau in häuslichen Fragen, Unterordnung der Frau in den außerhäuslichen beruflichen Bereichen unter den Mann – so ließen sich, sehr vereinfacht, die männlich/weibliche Rollen- und Gewaltentrennung in vergangenen Jahrhunderten beschreiben. Diese Rollenteilung hatte sich in Europa seit dem ausgehenden

Mittelalter entwickelt. Die wirtschaftliche Abhängigkeit der Frau vom Mann, ihre sog. Ausbeutung durch ihn, sind zweifellos häufig vorgekommen, sie waren aber keineswegs die Regel. Der Schwarz-weiß-Malerei der „women liberation" sollte mit historisch begründeter Kritik begegnet werden. (Die derzeitige Emanzipationsbewegung der Frau in diesem Zusammenhang läßt Liebesbeziehungen bestenfalls noch als „sexuelle Stimulation" zu. Nicht aber daß die Frau durch diese „Sexualität" in Abhängigkeiten irgendwelcher Art dem Mann gegenüber verfallen darf.)

Die Rollenproblematik ist für zahlreiche Liebesbeziehungen nicht nur unter dem Aspekt der Frauenemanzipation wichtig geworden. Es ist vor allem die Frage der Parität, der demokratischen Gleichberechtigung im Befehlen und Gehorchen, im Tonangeben und sich diesem Ton anpassen, in Unterwerfung und Herrschaft, in Geben und Nehmen, in Vorschlagen und Akzeptieren, die die heutige Jugend beschäftigt. Allerdings ist es vor allem die Jugend der großbürgerlichen-akademischen, zu einem geringeren Prozentsatz der mittelbürgerlichen Schichten, die diese Problematik bewegt. Ihr gegenüber zeigen sich Arbeiterschichten und die ländliche Bevölkerung noch relativ uninteressiert. Selbständigkeit oder Abhängigkeit, Anpassung oder Bestimmen sind in diesem Zusammenhang Grundfragen der Auseinandersetzung geworden. Insbesondere, weil die Abhängigkeit negativ wertbesetzt ist, Selbständigkeit dagegen gesellschaftlich erstrebenswert scheint. Unterordnen und Dienen sind verpönt, Tonangeben und Bestimmen sollen in ihren Gewichten auf die Partner gleichmäßig verteilt sein.

Die „ideale" Liebesbeziehung versteht sich jedoch im Ausgleich (Parität) von Geben und Nehmen, wie sie z. B. der glückhaft erlebte Geschlechtsverkehr (s. o.) verwirklicht.

Hier schlägt einmal der eine dem anderen etwas vor, ordnet sich der eine oder der andere diesem Vorschlag unter. Der Wechsel der jeweiligen „Machtpositionen" wird zum selbstverständlichen Bestandteil der zwischenmenschlichen Kommunikation – ohne daß dieser „Wechsel" gegenseitig aufgerechnet werden sollte. Kommt es jedoch zur Aufrechnung des: „Heute habe ich schon die Milch eingekauft und die Betten gemacht, Du hast nur im Stuhl gesessen und Zigaretten geraucht", oder „Gestern habe ich das Auto zur Reparatur gefahren und X. Y. wiederholt angerufen, Du bist nur zur Bibliothek gegangen", dann wird bereits die Rivalität offenkundig, und die Partner bewegen sich mit erheblicher Geschwindigkeit auf einen der „Teufelskreise" (s. u.) zu.

Was aber sollte praktisch in dem eben geschilderten Beispiel – das für zahlreiche ähnliche stehen kann – erfolgen, wenn tatsächlich

Partner A zunehmend die dominierende Position einzunehmen beginnt? Die er zwar bewußt ablehnt, aber Partner B „bequem, verträumt, passiv, schwer beweglich" ist? Wenn Partner B sich gerne von A führen lassen möchte? Obwohl B wiederum in seiner Ideologie ein aufgeklärter „Fortschrittler" ist, der sich außer dem Hause für die Frauenemanzipation einsetzt? Dieses Beispiel dokumentiert die Theorie der Gleichberechtigung in ihrer Praxis.

Die Praxis des Zusammenlebens und des Erlernens des liebenden Umgangs drängt – je nach der Persönlichkeit der Partner – hier häufig den einen rasch in die beherrschende, tonangebende Rolle, die dem Bedürfen des anderen sich unterzuordnen hier entgegenkommt, dort nicht, und dann destruktive, nichtende Machtkämpfe erzeugen kann. Das heißt, die faktische Auflösung der sozialen Rollen und Unterschiede zwischen Mann und Frau bedeutet keineswegs eine analoge Beendigung des Bedürfens, sich hier durchzusetzen, dort sich anzupassen und nachzugeben. Die internen Auseinandersetzungen, die Machtkämpfe um die dominierende Stellung dürften in den Ehen, in denen die Rollenverteilung noch relativ klar umschrieben war, nicht weniger stattgefunden haben, wie unter Bedingungen, die nach Parität ohne Rollenunterschiede rufen. Die definierten Rollen zwischen Mann und Frau entfallen zwar heute weitgehend, aber die geschilderten Auseinandersetzungen, die häufig zum Kommunikationsende führen, leben fort. Sie leben fort, weil sie unauflösbare Anteile menschlicher Existenz sind, „anthropologische Konstanten"[1] – die sich hier Rollen schaffen, dort sich ohne Rollen brutal gegenüberstehen können.

Der Wunsch nach Parität in der Liebesbeziehung sollte, abgesehen von dem von den Partnern zu erstrebenden Wechsel der jeweiligen Machtpositionen, grundsätzlich die Kommunikationsgrenzen, die Unterschiede der Persönlichkeiten berücksichtigen. Die eine z. B. läßt sich gerne verwöhnen und bedienen, der andere liebt es, durch Bedienen und Verwöhnen – zu herrschen. Diesen Unterschieden gegenüber und der Notwendigkeit, Ausgleich zu finden, bekommt die Frage nach der Parität der Geschlechter in der Liebesbeziehung einen abstrakten Charakter. Sie wird jedoch Bestandteil der Praxis des Lernens, wenn Geben und Nehmen in der oben aufgezeigten Weise einander ergänzen, wenn die destruktiv-nichtenden Tendenzen der Kommunikation durch die liebevolle Bestätigung des einen, durch erneute Zuwendung des anderen neutralisiert oder aufgehoben werden. Der Verlust der sozialen

---

[1] Zum Thema der „anthropologischen Konstanten" s. Wyss, Strukturen der Moral und Beziehung und Gestalt, Teil I/4–6.

Rollen, der mit diesen verbundenen, vorgegebenen Herrschafts-momente, kann deshalb im lernenden Miteinander-Umgehen einer-seits durch wechselseitig sich ergänzendes Geben und Nehmen er-setzt werden. Andererseits jedoch durch Annehmen der aus den Kommunikationsweisen sich ergebenden Unterschiede – die hier den einen sich lieber anpassen lassen, den anderen gerne zum Bestimmen drängen.

Das Bedürfnis nach Abhängigkeit, Verwöhnung, Passivität als durchaus legitimer Anspruch jeder Liebesbeziehung (s. o. Abschir-mung, Befriedung, Geborgenheit) sollte ebenso zu seinem „Recht" kommen, wie jenes nach Selbständigkeit und Unabhängigkeit. Die mögliche Parität wird sichtbar, wenn in gegenseitiger Toleranz, im gegenseitig lernenden Sich-Annehmen die Neigungen zu Be-stimmen, zum Herrschen (Einkörpern) nicht weniger wie jene zum Sich-Hingeben (Entkörpern) oder auch zum Verwöhnen und Ver-wöhnen-Lassen ein abzusehendes Gleichgewicht in der Beziehung entwickeln. Selbständigkeit und Unabhängigkeit in Fragen der Ideologie, der Meinungen und Überzeugungen, im beruflichen Be-zirk, im Setzen von verbindlichen Ordnungsbezügen den Kindern gegenüber, in der Wahl von Freunden und Bekannten, muß zu dem Bedürfnis nach Abhängigkeit durchaus nicht in Gegensatz treten. Selbständigkeit und Abhängigkeit sollten tunlichst nicht mit „männlich" und „weiblich", gar mit männlicher oder weib-licher Rolle, in einer falschen Perspektive auf vergangene Rollen-unterteilung, verquickt werden. Je ausgeprägter die Möglichkeit erscheint, sich hier der Abhängigkeit ohne Schuldgefühle zu über-lassen, ein gegenseitiges Sich-Verwöhnen z. B. zum Bestandteil der Alltäglichkeit wird, um so gefahrloser lassen sich in anderen Ebenen der Kommunikation Selbständigkeit und Unabhängigkeit verwirklichen.

Das Wesen der Liebesbeziehung ist jedoch pathisch. Das heißt, bei aller Aktivität etwa des Werbenden, hat ihn die Liebe „im Griff". Sie hat ihn überfallen, ihn überwältigt – es hat ihn überkommen. Er ist damit von dem anderen, dem er sich zuwendet – trotz allem Bemühen um Selbständigkeit – abhängig. Auch der Umworbene gerät in Abhängigkeit von dem Werbenden und der Kampf um Unabhängigkeit in beiden Fällen ist meistens eine Abwehr eben – der Liebe (s. o.).

Der für die Unabhängigkeit und gegen die Abhängigkeit sich einsetzende Partner, der hier räumliche Trennungen erzwingt, längere Abwesenheiten, die eigene Ansicht um jeden Preis durch-setzen will, das Gegenteil dessen tut, was der andere vorgeschla-gen hat – zeigt letztlich nur die Intensität seiner Abhängigkeit

.. von der Liebesbeziehung. Sein Kampf um Unabhängigkeit stammt aus der Auslieferung an die Liebesleidenschaft. Er kämpft ... gegen die Liebe.

Der Kampf gegen die Liebesbeziehung selbst wird nicht selten Anlaß zu einem der grundlegenden Mißverhältnisse („Teufelskreise", s. u.), da dem „anderen" die Schuld gegeben wird, durch Zuneigung und entsprechende Aktivität (Werben) den einen in die Auslieferung an das Liebeserleben gedrängt zu haben. Er wird dafür bestraft, daß er Liebe und „Ergriffen-Werden" in dem anderen erweckt hat.

An der Wurzel der Liebesbeziehung tauchen jetzt wieder die Gegensätze und Widersprüche – wie die von Nähe und Distanz – auf, die die Liebesbeziehung durchaus nicht als den glückstrahlenden Eros erscheinen lassen, zu dem Marcuse[1] und andere sie umfälschen.

Der Kampf gegen die Abhängigkeit in der Liebesbeziehung kann den Auseinandersetzungen gleichkommen, die sich aus den oben genannten grundsätzlichen Enttäuschungen ergeben. Dazu gehören: Machtkämpfe, Rechthabereien um Bagatellen, Ehrgeiz, den anderen zu übertrumpfen, leerlaufende Diskussionen – diese können zur Nichtung der Beziehung führen, sollen sie auch zerstören, weil die Person sich gegen das Ergriffen-Werden durch die Liebe wehrt. In dieser Abwehr versucht sie sich selbst und den Partner zu vernichten.

*h) Die Angst – ein zentrales Problem der Liebesbeziehungen*

Mit dem bereits erfolgten Hinweis auf die Angst vor Verlust des Partners, die Bedeutung, die die Angst damit z. B. für die Verstärkung der Bindung, das Suchen nach der andauernden Nähe des anderen, gewinnt, wurde das Problem der Angst in der Liebesbeziehung erstmalig gestreift.

Wie aber lassen sich die geschilderten Erfahrungen der Liebenden von der Traumhaftigkeit bis zur Entrückung, von Geborgenheit, Abschirmung, vom gegenseitigen Vertrauen und der gegenseitigen Befriedung bis zum Erleben der Ich-Aufhebung im orgasmischen Rausch – mit Angst in Verbindung bringen? Weisen sie nicht gerade auf die Aufhebung der Angst – eben durch die Liebe hin? Wie sind diese Erlebnisse mit der Angst zu vereinen, den anderen

[1] H. Marcuse, Eros und Zivilisation, Stuttgart 1957.

zu verlieren, die die Partner in die Bindung treibt und damit die Beziehung gefährdet?

Angst und das Streben nach Auflösung des eigenen Ichs im anderen (Identitätsfindung) sind an ihrer Wurzel miteinander engstens verbunden. Die Erfahrung der Vereinzelung, die der Mensch bereits in frühester Kindheit, im Erleben der Trennung von seinen nächsten Pflegepersonen durchzustehen hat, ist, wie Kinderpsychologen aufgewiesen haben, mit Angst verbunden. In der Angst sieht sich das aufwachsende Kind immer wieder schutzlos und allein einer noch überwiegend fremden, u. U. auch bedrohlichen Welt ausgeliefert, mit der es sich nicht identisch (eins) fühlt. (Dieses Erleben steht scheinbar im Gegensatz zu den Möglichkeiten sinnlicher Entfaltung gerade des Kleinkindes (s. o.), schließt dieses aber keineswegs aus. Es liegt im Wesen menschlicher Subjektivität, widersprüchlich zu sein.[1])

Angst vor Vernichtung der eigenen Existenz, die in frühester Kindheit in der Trennung z. B. von der Mutter als Ungeborgenheit und Schutzlosigkeit erfahren werden kann – wird durch die nicht aufzuhebende Notwendigkeit der Trennung von dem maßgeblichen Pflegepersonen bewirkt. Die Suche des Kindes nach der Identität, Identität z. B. mit der Mutter als einer Möglichkeit, um die angstvoll-nichtend erlebte Vereinzelung aufzuheben, hängt unauflöslich mit den Erfahrungen immer wieder erlittener Trennung zusammen. Je mehr das Kind unter Trennungserleben litt, um so mehr fühlt es sich in seiner Identität gefährdet – um so mehr neigt es zu Angst[2]. (Dazu sind wirkliche Trennungserlebnisse nicht immer notwendig. Die Phantasie vermag diese auch zu erzeugen.)

Identitätssuche in der Liebesbeziehung – die hier ausdrücklich nicht als „Wieder-Aufwärmen" von Kindheitsbeziehungen verstanden wird –, Angst, die erhoffte oder scheinbar gefundene Identität mit dem anderen zu verlieren, ergänzen und verstärken sich gegenseitig. Denn es ist eben die Identitätssuche, die zu der Bindung maßgeblich beiträgt, es ist die Angst, die mit dem Partner scheinbar gefundene Einheit wieder zu verlieren und die Erfahrung der Trennung erneut durchstehen zu müssen – die den „Gang zum Standesamt beschleunigen".

In der Gefährdung der Bindung durch die aus der Bindung

---

[1] Zur Antilogik des menschlichen Subjektes s. D. Wyss Beziehung und Gestalt, Teil I/4–6.
[2] Zur Problematik der Identitätssuche s. D. Wyss, Beziehung und Gestalt, Teil I/4–5.

zwangsläufig sich ergebende Nähe, im Erleben ferner der erwähnten vier fundamentalen Enttäuschungen, wird erneut Vereinzelung und Angst erfahren. Dieses Angsterleben ist möglicherweise in einem durch soziale Rollen, Normen, Erwartungen und Verpflichtungen bestimmten Milieu abgeschwächt, ohne jedoch in seiner Bedeutung für die Liebesbeziehung dadurch Einbuße zu erleiden. Das Problem, das sich jetzt eröffnet, heißt schlicht: Liebe kann sich durch Liebe selber vernichten, da sie nach Nähe (Bindung) strebt, die Bindung die Liebe als Verliebtheit oder Leidenschaft jedoch wieder aufzuheben droht. Damit erzeugt sie wiederum Angst von Trennung, Verlassenwerden, Einsamkeit. Angst vor scheinbar unaufhebbarer Vereinzelung und Einsamkeit hier, die Erwartung dort, die Vereinzelung durch Liebe zu beenden, sind an der Wurzel miteinander unauflösbar verbunden.

Mögliches Scheitern der Aufhebung von Angst durch die Entwicklung der Liebesbeziehung selbst brechen als unversöhnbare Gegensätze im Grund der menschlichen Existenz auf. Die folgenden Abschnitte werden zu diesem entscheidenden Problem immer wieder zurückkehren.

*i) Gefährdung und Nichtung der Liebesbeziehung durch Eifersucht[1]*

Zu den Befindlichkeiten und Gefühlen, die die gegenseitige Zuneigung erheblich beeinträchtigen, die Anlaß zu nicht enden-wollender Auseinandersetzung, gegenseitigen Quälereien und Vorwürfen geben, zählt die Eifersucht. Der Versuch, sie auf die sog. ödipale Struktur des kleinen Sohnes oder der kleinen Tochter im Dreieck der Eltern-Kind-Beziehung zu reduzieren, klärt höchstens darüber auf, daß schon das Kleinkind Affekte wie Eifersucht zu empfinden vermag. Diese müssen ihm nicht vorgelebt werden, sondern es hat die Möglichkeit zur Eifersucht schon immer und auch *vor* jeder „kapitalistisch-bürgerlichen Gesellschaftsordnung" und dem „Kampfes aller gegen alle" in sich. (Wie A. Freud und D. Burlingham zeigten, erleiden in Waisenhäusern aufgewachsene Kinder, werden sie später in Familien untergebracht, dem gleichgeschlechtlichen, stellvertretenden Elternteil gegenüber spontan und sofort Eifersuchtsanfälle.)

[1] Vgl. dazu auch H. Tellenbach, Zur Phänomenologie der Eifersucht. In: Der Nervenarzt 27, 1967.

Wie die soeben erörterte Angst spiegelt die Eifersucht die jeweilige Intensität der Verbindung wider, das Engagement, die leidenschaftliche Ergriffenheit. Der Eifersüchtige fürchtet (Angst!) den Verlust des Partners nicht weniger als derjenige der sich aus Angst, den Partner zu verlieren, in die Bindung stürzt. Jedoch wird das Ausmaß erlebter Eifersucht für den Eifersüchtigen darüber hinaus zu einem Gradmesser des jeweiligen Selbstwert-Erlebens, d. h. wie er selbst sich gegenüber dem geliebten Partner einschätzt (meistens minderwertig). In der Angst dagegen ist ein Selbstwerterleben gar nicht mehr aufweisbar. Denn die Überwältigung durch Angst umschließt bereits die Vorwegnahme der möglichen Ver-Nichtung der eigenen Person. Diese klammert sich in der Angst nur noch an den Partner und erwartet von ihm „alles" – was sie selber sich zu geben nicht in der Lage ist. Der in dem Gefühl seiner Liebe verunsicherte Partner, der sich immer wieder der Zuneigung des anderen vergewissern muß, der das „Ich liebe Dich" nicht oft genug hören kann, wird im verstärkten Maß zur Eifersucht neigen. Darüber hinaus fühlt er sich dem Partner häufig aus Gründen seiner Persönlichkeit (Charaktereigenschaften), seines Wissens, seiner Bildung, seiner physischen Kapazität, seines Aussehens unterlegen und minderwertig. Das heißt, für das Auftreten von Eifersucht sind stärkere Schwankungen auch in der Zuneigung gemeinsam mit einer Verunsicherung des Selbstwertgefühles entscheidend. Sie sind entscheidender als das Verhalten des Partners, der dann zu Eifersucht mancherlei Grund geben mag. Der Eifersüchtige ist nicht, wie es anfangs erschien, ein besonders leidenschaftlich Liebender, sondern ist im Grunde genommen in seiner Zuneigung schon verunsichert. Er fühlt sich schnell unterlegen und bangt deshalb um den „Besitz" des anderen.

Darüber hinaus ist immer wieder zu beobachten, daß der Partner, der die Eifersucht des anderen bemerkt, sie ausnutzt, den Eifersüchtigen in den Affekt geradezu hineintreibt und ihn damit quält. Damit möchte er die eigene Überlegenheit dokumentieren. Ist der Eifersüchtige erst einmal vor Eifersucht „ganz außer sich", wird er „huldvoll" wieder aufgenommen, finden möglicherweise Versöhnung und erneutes Treuegelöbnis statt. In diesem Fall wird die Eifersucht zu einem nicht seltenen Bestandteil eines „Spiels", das letztlich die Liebe verstärken soll, indem ihr möglicher Bruch, ihr mögliches Ende vorweggenommen, dann aber durch Versöhnung wieder ausgeschlossen wird („Heiß-Kalt-Behandlung"). Der Eifersuchtsaffekt bestätigt, daß weniges den Liebenden so schreckt wie der Verlust der möglichen Identität mit dem anderen. Überdies zeigt sich dabei die enge Beziehung zwischen Eifersucht und

Angst. Denn den Eifersüchtigen ängstigt die Möglichkeit einer Trennung, und weniges ängstigt ihn so sehr wie diese – die er aber durch sein Verhalten provoziert.

Zur Eifersucht gehören zwei Tendenzen: die, sich verlassen, ausgeschlossen, als nicht (mehr) dazugehörig zu erleben; die in der Phantasie bereits erlittene Trennung wird als Verstoßen-Sein erfahren. Diese Tendenz ist mit dem Erleben tiefer Ohnmacht und extremer Abhängigkeit vom Partner verbunden. Die zweite Tendenz erfüllt und erschöpft sich im Bedürfnis, an dem Rache zu üben, der einen – scheinbar – verlassen und verstoßen hat. Er muß überführt, bestraft und in die eigene Gewalt zurückgebracht werden. Tatsächlich wird in der Eifersucht der andere wie ein Stück Besitz umklammert. Mit ökonomischen Fragen hat das jedoch wenig zu tun. Vielmehr sucht der Eifersüchtige, aus der Unsicherheit seiner Zuneigung heraus, letztlich die Besessenheit durch den anderen in seiner Leidenschaft – eine Leidenschaft, zu der er aber selbst nur bedingt in der Lage ist. Das Besitzen-Wollen des Partners ist Ausdruck für den Wunsch, von der Leidenschaft, damit von dem Partner besessen zu werden. Obwohl der Eifersüchtige zu diesem Besessenwerden durch den anderen im Sinne differenzierter Zuneigung nicht mehr in der Lage ist. Die Besessenheit spiegelt sich velmehr nur noch in der Angst, den anderen wie ein Stück Besitz zu verlieren.

Der Eifersüchtige rächt sich nicht zuletzt an dem Partner, weil er in seiner Eifersucht die Bloßstellung der eigenen Minderwertigkeit verabscheut, er in der Eifersucht die Bestätigung für seine Minderwertigkeit vorwegnimmt. Im Versuch, den abtrünnigen anderen in die eigene Gewalt zurückzubringen, wird dann die Maßlosigkeit, sogar Brutalität der einkörpernden Antriebe in der Eifersucht sichtbar.

Es ist auffallend, daß in überwiegend sexuell-promiskuösen Liebesbeziehungen die Eifersucht zurücktritt oder kaum von Bedeutung ist. Die Eifersucht ist ein Anzeichen dafür, wie existentiell ernst einerseits die Verstrickung, insbesondere die Abhängigkeit von dem anderen erlebt wird, wie sehr andererseits das Engagement durch das Ergriffensein an dem Eifersüchtigen zehrt. In der sog. sexuell-promiskuösen Beziehung aber fallen diese Momente kaum noch in das Gewicht.

## k) Gefährdung und Nichtung der Liebesbeziehung durch die sogenannten „Projektionen"

Das schrittweise oder plötzlich einsetzende Erlebnis, daß Identität mit dem Partner nicht möglich ist, ist mit dem geschilderten Erleben der vier fundamentalen Enttäuschungen verbunden. In der Enttäuschung findet zwar die Erkenntnis statt, Opfer einer Täuschung geworden zu sein und diese Erkenntnis, so wird oft angenommen, soll eine entlastend-heilsame Wirkung auf die enttäuschte Person haben. Die Erkenntnis über das Ausmaß einer erlittenen Enttäuschung steht jedoch in keinem zu günstigen Verhältnis zu dem schmerzvollen Erleben der Enttäuschung selbst. Hand in Hand mit diesem Erleben geht Verbitterung einher, aus dieser entsteht wiederum Resignation, das Bemühen um eine glückliche Liebesbeziehung wird überhaupt aufgegeben.

Enttäuschung tritt nicht nur ein, wenn sich weder Identität mit dem anderen noch „totale" Kommunikation oder „totales" Vertrauen ergeben. Sie tritt vor allem dann ein, wenn im Erkunden des anderen, der je eine ganz bestimmte Person ist (vierte Enttäuschung) – die hier umschriebene Interessen aufweist, dort sich leibhaft in zurückhaltender Weise äußert, jene Meinungen oder ein bestimmtes Verhältnis zum Beruf hat –, die aber damit nicht mehr dem Bild entspricht, das der Werbende sich anfänglich von dem anderen gemacht hat.

Dieses Bild des anderen wird durch die genannten Erwartungshaltungen mitbestimmt. In dem anderen wird die Person gesehen, mit der die Identität, die „totale" Kommunikation und das „totale" Vertrauen verwirklicht werden könnten.

Genauer gesagt hieße dies: zu Beginn der Liebesbeziehung, insbesondere der „Liebe auf den ersten Blick" neigen Liebende und Geliebte dazu, im Partner Eigenschaften zu sehen, diese auch zu provozieren (erwecken), mit denen sie jedoch weniger den anderen als selbständiges „Du", sondern vielmehr eine Person erschließen, die sie sich im anderen wünschen.

Es wird im anderen jemand gesehen, der zu dieser Sicht (dem Bild) zwar in seinem Verhalten immer wieder Anlaß gibt. Er entspricht aber nie ganz dem Bild, das der eine sich von ihm gemacht hat: eine warmherzige Frau zu sein, ein energischer Mann, eine zarte Geliebte, ein verstehender Liebhaber, ein väterlich-strenger, aber fürsorglich, korrekter Freund, eine mütterliche, gebildete, einfühlende Freundin. Den anderen in dieser Weise zu sehen, setzt voraus, daß in einem selbst erst eine dieser Eigenschaften aufgetaucht und erlebt wurde, um sie in den anderen „hinein" zu sehen, zu „übertragen".

Die Psychoanalyse hat hier gewisse Schemata herausgearbeitet, denen zufolge insbesondere durch die Eltern bedingte (erweckte) Erwartungshaltungen, die mit bestimmten Eigenschaften der Eltern zusammenhingen, auf den Geliebten oder Liebenden „übertragen" werden. Der „strenge Vater" wird mit der Erwartungshaltung möglicher Zurechtweisung verbunden, die verwöhnende Mutter mit der Haltung, sich immer bei ihr durchsetzen zu können. Aber auch Geschwister und andere Bezugspersonen der Kindheit vermögen als Leitbild zu dienen, die die Wahrnehmung des anderen in einer Weise beeinflussen, daß faktische Ähnlichkeiten dem Liebenden dazu dienen, weniger den Partner wahrzunehmen, als den im Partner verborgenen, ähnlichen Eltern- oder Geschwisterteil.

Im anderen ein Wunschbild zu konstellieren, verlangt die Anwesenheit des Wunschbildes in einem selbst. In dieses Wunschbild fließen dreierlei Momente zusammen: erstens mögliche Erinnerungen an Begegnungen und Bindungen in der Kindheit, ähnliche Eigenschaften des Partners mit den Personen der Kindheit und letztlich das Erleben eigener Eigenschaften, durch die Phantasie oft gesteigert, die auch der andere haben soll.

Deshalb eröffnet und „offenbart" in der „Übertragung", d. h. in der Sicht des anderen aus diesen drei Momenten, der Übertragende sich selbst als einer, der sich über und durch den anderen erschließt. In diesem sieht er „jemanden", der der andere in Wirklichkeit nur begrenzt ist. Er möchte aber seinen eigenen Möglichkeiten und Wunschbildern nach so sein, wie der andere. Stellt der Verliebte jedoch fest, daß der andere kaum warmherzig, noch besonders einfühlend, noch verständnisvoll, noch fürsorglich oder streng ist, dann bemerkt er, vielleicht erst, daß er selber, der diese Möglichkeiten in sich fühlte, so sein möchte. Er erschließt sich selbst in der „Übertragung" als jemand, der bestimmte Wünsche und Möglichkeiten in sich birgt. Die Übertragung ist in diesem Zusammenhang nicht etwa ein abzuwertendes Vorkommnis – zumal sie in allen menschlichen Beziehungen mitschwingt –, sondern ein wesentliches Moment auch des Sich-selbst-Erschließens: wie „man sein möchte" und damit der Selbsterkenntnis.

Im Verlauf einer Liebesbeziehung kommt es häufig vor, daß der Umworbene, insbesondere, wenn er Gegenliebe entwickelt, sich den auf ihn übertragenen Erwartungshaltungen und Wunschbildern anpaßt. Daß der Umworbene sich so verhält, als ob er dem Bild, das der Werbende von ihm hat, entspricht. Er beginnt wirklich über die Eigenschaften zu verfügen, die der Werbende in ihm sieht.

Die Enttäuschung setzt in dem Augenblick ein, in dem der, der sich den Wunsch-Bildern des anderen anpaßte – häufig ein wechselseitiger Vorgang –, sich „selbständig" macht. Er paßt sich den Bildern des anderen nicht mehr an und tritt plötzlich als der auf, der er selber ist oder für den er sich hält.

Aber, so müßte weiter gefragt werden, wer ist er eigentlich – selber? Wenn er den Bildern, die auf ihn übertragen wurden, entspricht, ist er dann nicht ebenso „er selbst", wie wenn er diesen Bildern nicht entspricht? Die Frage kann in diesem Zusammenhang nicht ohne weiteres entschieden werden, zumal in der Liebesbeziehung das wechselnde, fluktuierende Rollenspiel ein wesentlicher Bestandteil differenzierten Kommunikationsvermögens ist.

Das Rollenspiel vermag dazu zu führen, daß die gegenseitig, aufgrund ihrer sog. „Projektionen" sich einander anpassenden Partner Eigenschaften entwickeln, über die sie vorher nur andeutungsweise verfügten. Sie werden weitgehend zu dem, was der andere in ihnen sehen möchte: zu der „warmherzig-mütterlichen" Frau, dem „fürsorglich-strengen" Liebhaber.

Da der eine aber in dem anderen das sehen möchte, was er bereits in sich spürt und was er selber zu sein wünscht, entwickelt sich ein kompliziertes gegenseitiges Sich-Anpassen mit tiefgreifenden Veränderungen und Verwandlungen der ganzen Persönlichkeit, damit auch der Kommunikationsmöglichkeiten. So kann über die fälschlich abgewertete „Übertragung" eine fruchtbare Kommunikationserweiterung stattfinden. (Die „Übertragung" oder Projektion wird in der Psychoanalyse abgewertet, weil – sehr vereinfacht – im Partner die Mutter oder der Vater gesehen wird, aber nicht eigentlich die Person des Partners.) Diese Kommunikationserweiterung kann jedoch plötzlich zusammenbrechen, wenn die Intensität der Zuneigung nachläßt oder mißverstandene „Emanzipation" und „Selbständigkeit" das differenzierte Rollenspiel mit brutalem Faustschlag zertrümmern. Das erlaubt den Schluß, daß Übertragung in dem oben aufgezeigten Sinne zwar die Kommunikation in der Liebesbeziehung zu erweitern vermag, aber nur für den Zeitraum, in dem beide Partner wechselseitig sich den Bildern des anderen anpassen.

(Wenn die Partner wechselseitig ideale Bilder des anderen – was dieser sein könnte – entwerfen, der andere diesen dann entspricht, entwickeln sich häufig ausgleichende Momente in der Beziehung. Diese „neutralisieren" und korrigieren die Nichtung im oben ausgeführten Sinne. Die „Übertragung" würde dann der Verminde-

rung und Verhinderung der grundlegenden Enttäuschungen dienen.)

Die hier vertretene Ansicht ist die, daß die sog. „Übertragung"
keineswegs als pathologischer Vorgang in zwischenmenschlichen
Beziehungen oder in der Liebesbeziehung abzuwerten ist. – Sie
ist ebenso wenig abzuwerten wie der sog. Egozentrismus der Liebenden (s. o.) –, sondern vielmehr verlangt die als relativ stabil
zu bezeichnende Liebesbeziehung die ständige Erweckung neuer
Bilder und Möglichkeiten im anderen als gegenseitiges, Kommunikation förderndes und erweiterndes Geschehen. Ende von Übertragung bedeutet in vielen Fällen Ende der Liebesbeziehung. Es
fragt sich auch hier, was zuerst erfolgt: Das Aufhören der Zuneigung, damit das Nachlassen der Übertragung, oder das Nachlassen der Übertragung – und damit das der Liebesbeziehung.

*l) Die fünf hauptsächlichen „Teufelskreise" oder Mißverhältnisse
der Liebesbeziehung*

Was aber spielt sich unter den Partnern ab, die nicht in der Lage
sind, die Verbindung zu lösen, noch aus ihr zu lernen, obwohl
beide erleben, daß eine glückliche Verbindung eigentlich nicht mehr
besteht? Für diese Verbindungen wurde der Begriff des „Teufelskreises" oder der Mißverhältnisse[1] gewählt, der dem sog. „neurotischen Zirkel" der Psychoanalyse (dem Circulus Vitiosus) entspricht.

Als „Kreis" wird der Vorgang bezeichnet, weil in diesen Verbindungen keinerlei Entwicklung mehr stattfindet. Die Beziehung
stagniert vielmehr im Hin und Her von Anschuldigen und Bestrafungen, von Schuldgefühl und Selbstvernichtung. Die Partner
können darüber hinaus – obwohl unter den Verhältnissen lei-
dend – nicht von der Beziehung ablassen. Die Beziehungen, so
scheint es, erschöpfen sich im Ausleben von Mißverhältnissen.

Werden fünf „Teufelskreise" genannt, so folgen sie im Prinzip
alle den oben genannten Grundenttäuschungen. Sie entwickeln sich
aus diesen und den aufgezeigten, der Liebesbeziehung selbst ein-
wohnenden Widersprüchen.

Die Unterteilung in fünf „Teufelskreise" besagt jedoch nicht, daß
hier, einem Schema folgend, die Mißverhältnisse sich nach Kreis

[1] Definition der „Mißverhältnisse", s. D. Wyss, Beziehung und Gestalt,
Teil II/1 ff.

Nr. 1, 3 oder 5 darstellen müssen. Vielmehr liegt es im Wesen der innerseelischen Fluktuation (s. o.), daß ein Kreis mit dem anderen in Verbindung und Austausch steht, jede Trennung verschiedener Kreise konstruiert ist. Die Aufgliederung in 5 Kreise dient lediglich der Systematik, die praktisch dort Hilfe zu leisten vermag, wenn sie bestimmte Diskrepanzen oder Mißverhältnisse im Zusammenhang der gesamten Beziehung aufweist. Damit vermag sie beizutragen, die Verbindung in vielen Fällen noch zu bewältigen.

Zu den tiefgehenden Widersprüchen des Menschen in der Liebesbeziehung, seiner Kommunikation überhaupt, zählen – dies sei in Erinnerung an oben Dargelegtes wiederholt – das bereits jeder Kommunikation innewohnendes In-Frage-Stellen und potentielle Nichten des anderen. Dazu gehört ferner die Antriebsproblematik von Einkörperung und Entkörperung, die Problematik von Bindung und Lösung, der Zwiespalt zwischen Auslieferung an ein Geschehen einerseits, Kampf gegen dasselbe andererseits. Die Diskrepanz von Ergriffen-Werden hier gegen Unabhängigkeit und Selbständigkeit dort, die Diskrepanz endlich von Nähe zu Distanz und Trennung bestimmen weitere Widersprüche. Die Fluktuationen der Zuneigung und der Befindlichkeit selbst kommen hinzu, die Schwierigkeiten ferner, die sich aus der männlich/weiblichen Rollenproblematik ergeben und nicht zuletzt die Projektionen. Zu diesen treten die vier grundlegenden Enttäuschungen, die sich aus den Gegensätzen von „totalen" Erwartungen hier, einschränkender Realität dort ergeben, hinzu. Mit anderen Worten: die Entwicklung sämtlicher „Teufelskreise" liegt letztlich in der Antilogik (Widersprüchlichkeit) der Liebesbeziehungen, im menschlichen Subjekt selbst, in dessen rational nur begrenzt faßbarem, nur begrenzt steuerbarem Wesen. Anderseits sind die genannten Widersprüchlichkeiten die Voraussetzung für das Liebeserleben überhaupt, für seine Dramatik, für seine Höhepunkte der Verklärung, der Traumhaftigkeit oder Entrückung. Sie sind Voraussetzung für die Tiefpunkte der Enttäuschung, des Leides, des Schmerzes. Das Vermögen, zu lieben und sich lieben zu lassen, liegt eben in der Auslieferung des Menschen an logisch nicht zu bewältigende, gegensätzliche „Mächte", die Bestandteil der Lebensbewegung selbst sind.

Die wirklichen Kommunikationsgrenzen aus den Unterschiedlichkeiten der Personen, ihrer gesellschaftlichen Abkunft, ihrer unterschiedlichen Entwicklung treten im Nachhinein zu den jeder Zuneigung bereits innewohnenden Widersprüchen hinzu. Die Trennung zwischen „primär" und „sekundär" entstandenen Mißver-

hältnissen ist aber künstlich. In Wirklichkeit sind die faktischen
– z. B. gesellschaftlich bedingten – Kommunikationseinschränkungen auf dem Hintergrund der bereits begrenzenden, nichtenden Kommunikation zu sehen. Die existentiale „Zerrissenheit"
des Menschen spiegelt sich in den Widersprüchlichkeiten der in
der Liebesbeziehung sichtbar werdenden „Nichtung". Die Widersprüchlichkeiten können durch die Zuneigung und die ihr einwoh-
nende Möglichkeit des Lernens überbrückt werden. Sie können
jedoch ebenso zu den jetzt aufzuführenden Mißverhältnissen An-
stoß geben.
Auf der einen Seite verhindern Gesellschaften die Liebesbeziehungen durch deren Institutionalisierung oder „Verbannung", sie versuchen, sie „in den Griff zu bekommen" oder gar nicht erst zuzu-
lassen. Auf der anderen Seite werden den Liebenden weitgehende
Freiheiten gewährt, insbesondere in den meisten westlichen Indu-
strieländern nach dem 2. Weltkrieg. Aber weder durch gewäh-
rende, noch durch „repressive" Maßnahmen wird das Wesen der
Liebesbeziehungen, die ihr innewohnende Dynamik letztlich getroffen.
Das Unglück, das in vergangenen Jahrhunderten über bestimmte,
gesellschaftlich nicht zugelassene Liebesbeziehungen hereinbrach,
lag nicht ausschließlich in der Struktur dieser Gesellschaften. Sie
ist tiefer in der Art und Weise begründet, wie Menschen kommunizieren und daß jeder Kommunikation bereits Nichtung inne-
wohnt. Diese Nichtung richtet sich in bestimmten gesellschaftlichen
Verbänden dann u. a. auch gegen die Liebe[1].
Aus der Perspektive der heutigen Gesellschaft erscheinen die Lie-
beskonflikte der sog. repressiven bürgerlichen Epoche, wie sie noch
Fontane und Tolstoi schilderten, schwer verständlich. Liebesbeziehungen, die im „glücklichen" Ausgang von Anna Karenina oder
Effi Briest sich dargestellt hätten, wären jedoch an der Nähe der
„glücklichen Bindung" möglicherweise versandet. Das haben zahllose „glückliche" Liebesbeziehungen der gleichen sog. repressiven
Gesellschaftsordnungen erlebt, die aber die Dichter nicht sonder-
lich interessierten.
Die faktischen, gesellschaftlich bedingten Kommunikationseinschränkungen in der Liebesbeziehung der Anna Karenina oder
Effi Briest ergeben sich einerseits aus der historisch-sozialen Entwicklung ihrer Gesellschaft, andererseits aus der Widersprüchlichkeit des Menschen selbst. Daß Liebe hier überwältigt, dort ent-

[1] Vgl. hierzu H. Dahmer, Libido und Gesellschaft, Frankfurt am Main
1973.

machtet, Liebe vor allem an ihrem Bedürfen nach Nähe des Geliebten scheitern kann, daß mangelnde Distanz zu dem Geliebten für Anna Karenina zur tragischen Verknotung führt, nicht ihre gesellschaftliche Ächtung – das dürften diese Ausführungen verständlich gemacht haben.

Ob eine Liebe „glücklich" oder „unglücklich" (Effi Briest) verläuft, ist darüber hinaus keinesfalls nur gesllschaftlich bedingt, wie die zahlreichen unglücklichen Lieben erweisen, in denen der Werbende aus mangelnder Gegenliebe abgewiesen wird. Nicht aber weil er nicht „standesgemäß" wäre oder möglicherweise nicht das gleiche Parteibuch hat.

In den jetzt dargestellten Mißverhältnissen rächen und bestrafen die Partner sich wechselseitig für ihr Unvermögen: a) die grundlegenden Diskrepanzen der Liebesbeziehungen (s. o.) nicht zu bewältigen; b) mit den Enttäuschungen nicht leben zu können, die eben aus diesen Diskrepanzen erwachsen; c) daran scheitern, die aus diesen Widersprüchen und Enttäuschungen sich ergebenden gesellschaftlich-sozialen Schwierigkeiten und Konflikte zu meistern.

In ihrem Verhalten sind die Partner eines „Teufelskreises" meistens blind dem Sich-Rächen und Sich-Bestrafen ausgeliefert. Die Gründe, die sie sich für ihr destruktives Verhalten geben, sind häufig Rechtfertigungen, Rationalisierungen für ein Handeln, dessen Ursprünge ihnen unklar (unbewußt) sind.

Der erste und allgemeinste „Teufelskreis", der sich aus den Gegensätzen der Zuneigung aus erlittenen Enttäuschungen ergeben kann, folgt dem Talionprinzip der Vergeltung: „Auge um Auge, Zahn um Zahn." Auch wenn der eine Partner nicht „schuld" an den Spannungen und Mißstimmungen im Sinne eines faktischen Schuldig-Werdens durch Unrechttun ist, da er ja nicht „haftbar" gemacht zu werden vermag, die in ihn gesetzten Hoffnungen, z. B. auf Identität, „totale" Kommunikation oder „totales" Vertrauen, nicht erfüllt zu haben, wird er doch so behandelt, als ob er für diese Enttäuschung zur Rechenschaft gezogen werden kann und sie durch Bestrafung „abbüßen" muß.

Die Bestrafung für erlittene Enttäuschung nimmt in Beziehungen dieser Art die vielfältigsten Formen an: von der leibhaft-körperlichen Abweisung des anderen (z. B. sog. Ablehnung des Geschlechtsverkehrs) – die oft verbrämt ist mit fragwürdigen Entschuldigungen wie „Ich habe Kopfweh heute" – bis zu psychosomatischen Störungen etwa chronischer vermehrter Regelblutungen oder Potenzstörungen. Die Bestrafung reicht von sarkastisch-ironischem In-Frage-Stellen (Kritisieren) des Partners, ihn „nicht für voll zu nehmen", bis zu ständigem, grundsätzlichem und sachlich nicht gerechtfertigtem Widersprechen.

Zur (rächenden) Bestrafung zählt ferner das Verkleinern der sozialen Rolle des Partners, seiner beruflichen Leistung, ein plötzlich entdecktes nicht standesgemäßes Herkommen, „niedrige Gesinnungen" seiner Familie, Ausspielen ideologischer „Feindbilder" – wenn der eine als „bürgerlich", „reaktionär", als „Faschist", der andere als „Kommunist" abgewertet wird.

Die Skala, wie Menschen in diesem Stadium der Beziehung sich gegenseitig bestrafen und quälen, erscheint häufig ausgeprägter und vielfältiger als die Möglichkeiten, sich gegenseitig Zuneigung und Achtung zu zeigen. Insbesondere werden Bestrafungen der genannten Art häufig zu lebenslänglichen Gewohnheiten des Umgangs, wenn ökonomisch-materielle, religiöse Bindungen oder das Vorhanden-Sein von Kindern in institutionalisierten Partnerbeziehungen eine Trennung unmöglich machen.

Der in der Liebesbeziehung anfänglich stärker Ergriffene neigt zu entsprechend tiefgreifender Enttäuschung. Seine Rache beginnt damit, die gewonnene Zuneigung des anderen in Frage zu stellen, sich über mangelnde Zuneigung zu beschweren, die Frage „Liebst Du mich noch?" selber mit „Wahrscheinlich nicht mehr" zu beantworten. Bis der andere, verletzt, gekränkt, in seiner Zuneigung (zu der er sich vielleicht schwer genug durchrang) zunehmend erschüttert, mit gleichen Waffen zurückschlägt und das vormalige Liebesnest in ein Feld für „Sabotage- und Guerillataktiken" sich verwandelt.

Schwächen des einen werden gnadenlos ausgenutzt, ihn „mit der Nase auf diese zu stoßen". Das „Aha, da sehen wir es ja mal wieder, Du kannst das eben nicht . . ." oder „Ich muß eben alles allein machen" sind häufigste Kommentare, mit denen der eine den anderen herabsetzt, um jedoch bei nächster Gelegenheit selbst die „Gegenstrafe" zu spüren: Das Mittagessen wird versalzen oder nicht pünktlich gerichtet, das Auto nicht in die Werkstatt gefahren, das Konto überzogen, oder es wird „um es ihm einmal zu zeigen, daß ich auch ohne ihn kann" kurzfristig eine andere Beziehung eingegangen. Mit dem Erfolg, daß der geplante zur Besinnung führen sollende Schock häufig das Gegenteil des Beabsichtigten erreicht. Anstatt Besinnung und „Zu-sich-selbst-Kommen" wird die innere Entfremdung durch äußere Trennung bestätigt.

Für diesen „Teufelskreis" ist charakteristisch, daß die Enttäuschung des einen zur Rache, Strafe führt – der andere zurückschlägt. Die Beziehung rollt sich in eine immer enger werdende

Spirale ein und wird zur Sackgasse. Die Partner finden keinen Ausgleich für ihr gegenseitiges Nichten.

Aus diesem „Teufelskreis" entsteht, meistens von ihm bereits umschlossen, das gegenseitige Rivalisieren. Es veranlaßt insbesondere im Zuge der gesellschaftlichen Gleichberechtigung von Mann und Frau häufig die enttäuschte Frau zu verstärkter Rivalität mit dem Mann. Die Rivalität ist häufig von Ängsten begleitet, in denen Überwältigung durch die eigene Zuneigung zu und Abhängigkeit von dem Partner in der bereits erwähnten Weise mitschwingen. Es wird der Konflikt von Abhängigkeit gegen Unabhängigkeit, von Bindung und Nähe gegen Trennung und Distanz sichtbar.

Im Bedürfnis nach verstärkter Selbständigkeit aus der Rivalität zum Mann, dann aber auch aus der infolge einer versandenden Liebesbeziehung sich zunehmend ergebenden Notwendigkeit, etwa einen Beruf zu ergreifen, bemüht sich die Frau, den Mann z. B. beruflich, in der Leistungswelt, aber auch in Meinungen und Überzeugungen zu überflügeln. Sie entwickelt sich zu der sog. „Intellektuellen" – besonders unter Akademikern zu beobachten –, die in Kürze den Mann beruflich zurechtweist, ihm Fehler aufzeigt und vorhält, die ihn bald vor Freunden und Bekannten bloßstellt.

Damit versucht sie einerseits, den Mann zu verunsichern, spornt aber wiederum auch dessen eigenes Leistungsstreben an und provoziert damit sein Rivalisieren. Dieses wirkt sich entsprechend auf die Partnerin aus – bis beide unter dem Zeichen gegenseitiger Konkurrenz sich zunehmend vernichten. Umgekehrt wird die „Emanzipation" des Mannes von einer ihn durch Verwöhnung beherrschenden Frau – die ihm alle Wünsche von den Lippen abliest – beobachtet, wenn dieser sich nicht mehr verwöhnen läßt, protestiert und der Frau zu beweisen beginnt, was sie „schon immer" falsch gemacht habe. Die verunsicherte Ehefrau beginnt dann ebenfalls im beruflichen Bereich mit dem Mann zu rivalisieren, was sie vorher nie tat, und es entwickelt sich ein gegenseitiges Konkurrenzverhalten.

Es ist eine Konkurrenz, die in den Kleinigkeiten des Alltags beginnt, in der die Partner sich in der Herstellung des Abendessens oder im Betreuen möglicherweise vorhandener Kinder immer wieder zu übertrumpfen versuchen.

Das gegenseitige Rivalisieren im „Teufelskreis" ist nicht von den Machtkämpfen unter Enttäuschten zu trennen. Denn Rivalisieren bedeutet stärker, mächtiger als der andere, ihm überlegen sein zu wollen, um ihn aus der eigenen Überlegenheit für die zugefügten Enttäuschungen zu bestrafen, zu vernichten. Unter der Rubrik

„Machtkämpfe" öffnet sich ein wahres Pandämonium menschlicher Machenschaften und Manipulationen. Sie sind moralisch als besonders niederträchtig zu qualifizieren, da diese Machtkämpfe sich ausgerechnet unter dem Vorwand moralischer Rechtfertigung abspielen. Dabei spielt die „Technik", den anderen in Schuld zu setzen, ihm den „schwarzen Peter" zuzustecken, eine große Rolle. Der Schuldige wehrt sich kaum mehr, er ist zunehmend „erledigt" und dem anderen fast bedingungslos ausgeliefert.

So geben z. B. schon die schlechte Laune, die ungünstige Befindlichkeit am Morgen Anlaß, dem anderen diese Stimmung „in die Schuhe zu schieben", ihn dafür abzuweisen (bestrafen): „Laß mich bitte heute in Ruhe, ich fühle mich so schlecht, weil Du gestern . . ." ist eine häufige Redeweise in von Mißverhältnissen dieser Art gekennzeichneten Beziehungen. Mit der Abweisung des einen, mit dem Versuch, ihm die Schuld für eigene schlechte Laune anzulasten, wird die Überlegenheit ihm gegenüber behauptet. Diese müßte sich aber nicht darstellen, wenn sie nicht insgeheim sich selbst „schuldig" fühlte. Die Überlegenheit ist in vielen Fällen eine Kompensation für ein tiefer liegendes Unrechtsgefühl. Der Partner A fühlt sich schuldig – weil der Partner B durch entsprechendes Verhalten zu Recht enttäuscht wurde (z. B. durch eine Unwahrheit). Da aber die Schuld nicht zugegeben werden kann – wird B als angeblicher Verursacher von Kopfweh in das Unrecht gesetzt. Mit Recht erbost, möchte B wiederum A dafür strafen, daß A ihn belogen hat. Er fühlt sich aber für seine Aggressionen gegen A schuldig, akzeptiert, als Bestrafung für diese, die schlechte Behandlung durch A. A, weniger von Schuld eingeschränkt, triumphiert über B, der vielleicht andere Techniken entwickelt, um sich eines Tages zu rächen . . . (s. o.: „Macht und Ohnmacht").

In den Machtkämpfen geht es letztlich darum, den anderen ganz in die eigene Botmäßigkeit zu bekommen. Diese dehnt sich bis in die Kleinigkeiten der Kontrolle von Westen- oder Anzugtaschen aus, bis in das Vorschreiben, wann der Partner wieder zu Hause zu sein hat (wenn der Mann das „Opfer" ist). Nicht weniger wird der weibliche Partner von dem Mann unterdrückt, tyrannisiert, schikaniert, an das Haus gebunden, praktisch „mundtot" gemacht, wenn der Ehemann enttäuscht ist und einen Sündenbock für eigenes Versagen sucht. Der „Teufelskreis" besteht in der Abhängigkeit des Unterlegenen von dem Überlegenen, des Überlegenen vom Unterlegenen, die sich immer wieder gegenseitig in diese Position drängen. Der Unterlegene kann tatsächlich Fehler begehen, die ihm angelastet werden, als ob er dem Überlegenen

Anlaß geben möchte ihn zu strafen. (Da er möglicherweise auch enttäuscht ist, s. das eben dargestellte Beispiel.) Umgekehrt ist der Überlegene von den Fehlern des anderen abhängig, da diese Fehler ihm seine Überlegenheit erlauben, damit zur Hebung seines Selbstwertgefühls beitragen. Darüber hinaus rechtfertigt er sein Verhalten vor sich selbst und der Umwelt, daß er sich als der „Bessere" ausweist. Wohingegen der Schikanierte und Unterlegene seine Ohnmacht häufig mit Krankheit und anderen Mißlichkeiten entschuldigt. In diesem Teufelskreis von Unterlegenheit und Überlegenheit ist der eine vom anderen abhängig – nicht durch Liebe, sondern durch das Bedürfnis den Partner zu treffen, zu kränken, zu nichten.

Unter moralischem Deckmantel, aus scheinbarer Rücksichtnahme und Fürsorge wird z. B. der eine in die schwächere und abhängigere Position im Verlaufe der Beziehung hineinmanövriert: „Leg Dich doch noch ein wenig hin, dann wirst Du Dich besser fühlen." „Laß mich die Besorgungen machen, Du kannst Dich derweil ausruhen", „Schone Dich nur, morgen wird es Dir wieder besser gehen". Ist der andere in dieser Weise „systematisch" zum Schwächeren, möglicherweise lebenslänglichen „Krüppel" gemacht und ist er damit auch „langweilig" geworden, so ist die Gelegenheit günstig, sich nach einem neuen „Partner" umzusehen.

Aber der Pflegebedürftige beginnt sehr bald den „Starken" zu tyrannisieren. Was anfänglich wie Unvermögen, wie Mitleid erregende Schwäche erscheint, wird zur Unterdrückung des Unterdrückers: „Nein, heute abend fühle ich mich so schlecht, da kannst Du nicht schon wieder die Bekannten XY einladen." „Heute kannst Du mich doch nicht schon wieder alleine lassen." Nach kurzer Zeit beherrscht der „Schwächere" in dieser Weise den „Stärkeren", der – von einem möglicherweise dumpfen Schulderleben beherrscht – sich bestrafen läßt. Beide verfügen über vortreffliche Alibi vor der Umwelt, den anderen weiter zu disqualifizieren: „Mein Mann läßt mich immer alleine, er kümmert sich gar nicht um mich, obwohl es mir so schlecht geht." Und auf der anderen Seite: „Die Krankheit meiner Frau ist Ursache für mein berufliches Nachlassen, da wir keine Gäste mehr einladen können."

Hinter diesen Machtkämpfen, deren Ziel die langsame Nichtung des Partners ist, verbergen sich immer wieder die genannten Diskrepanzen und Enttäuschungen, insbesondere die Fluktuation der Liebesbeziehung selbst, insbesondere das Unvermögen des einen, die Konstanz von Zuwendung und Leidenschaft in der Weise aufrecht zu erhalten, wie sie der andere (unsinnigerweise) erwartet. Der letztere lastet dem ersteren die Fluktuation von dessen Zuneigung an – oder umgekehrt – und beginnt sich für die relative Unbeständigkeit derselben zu rächen.

Machtkämpfe äußern sich ferner in der Gleichförmigkeit von Vorwürfen: „Wenn Du damals das ... und das ... gemacht hättest – säßen wir heute nicht in der Klemme ...“; „Du hast doch wieder vergessen, mich dort abzuholen ...“ (Es mag eine entsprechende Absprache gar nicht stattgefunden haben, geht es doch nur darum, den anderen in irgendeiner Weise in das Unrecht zu setzen.)

Die Machtkämpfe äußern sich endlich in dem grundsätzlichen Vorwurf der hinter allen Vorwürfen insbesondere moralischer Art steht: „Du liebst mich nicht so – wie ich es erwartet habe.“ Die Vorwürfe, die dazu dienen, den anderen mit Schuld zu überhäufen, ihn damit zu zermürben, zu unterhöhlen, letztlich zu zerbrechen, nehmen sich wiederholt alltäglichste Vorkommnisse zum Anlaß: „Du hast die Rechnung für den Zahnarzt wieder nicht bezahlt, jetzt kann ich nicht hingehen, obwohl ich starke Schmerzen habe.“ „Wo ist denn schon wieder mein guter Anzug hin, den ich heute abend brauche?“ Der Anzug wurde heute in die Reinigung gegeben, anscheinend versehentlich, aber doch wissend, daß er vermißt werden würde, als Rache für den Nachweis eines belanglosen Versagens in der Küche.

Manche Partner erleben insbesondere zu Beginn einer institutionalisierten Verbindung, daß jetzt derjenige, der stärker engagiert schien, für seine Mühen in der „Werbung“ die „Rechnung präsentiert“: Er beginnt sich mit größter Rücksichtslosigkeit durchzusetzen und behauptet sich, ohne moralische Verbrämungen als „gesunder Egoist“. Das „Hol’ mir mal die Zeitung aus dem Briefkasten“ ist häufig nur das intonierte Leitthema einer Kakophonie, die, bald zur vollen Lautstärke anschwellend, den anderen in die keine Widersprüche duldende Abhängigkeit bringt.

Die überlieferte Rollentrennung (s. o.) der sich unterordnenden Frau, der dafür die Schlüsselgewalt im Hause zugebilligt werden sollte, wird brutal von seiten des Mannes „über den Haufen gerannt“, den im Voraus ergangener Beteuerungen gleichberechtigter Achtung zum Trotz. (Der „patriarchalen“ Form der Selbstbehauptung steht die „matriarchale“ gegenüber. In der letzteren paßt sich der männliche Partner zunehmend aus Angst vor Liebesentzug, aus einem tiefgreifendem Bedürfnis nach Bestätigung durch die geliebte Frau, sich dieser in allen Wünschen an. Er ordnet sich ihr unter, unterwirft sich ihr und gerät bald in die Rolle eines nach Bedarf zu benutzenden, dann wieder „in die Ecke gestellten“

Leibwächters oder verhätschelten, unterdrückten Prinzgemahls, einem Schau- und Prunkstück.)

Machtkämpfe verbergen sich häufig hinter Krankheitssymptomen: von migräneartigen Kopfschmerzen bis zu den verschiedensten organisch nicht immer zu verifizierenden Frauenleiden. Krankheiten werden zu Waffen, den Partner – stets aus Rache für Enttäuschung – „in die Knie zu zwingen". Der Alkoholismus, die erhebliche Menge auch gemeinsam verkonsumierten Whiskys sind Symptome sowohl für das Ausmaß des Zerwürfnisses, wie auch für die Versuche, das Auseinanderfallende mit Alkohol zu kleistern und zu kitten.

Aus den „Teufelskreisen" der Rivalitäts- und Machtkämpfe entwickeln sich im weiteren Verlauf jene fruchtlos verlaufenden, stereotypen Diskussionen um den Sinn der Beziehung überhaupt. Diese Diskussionen, meistens mit Vorwürfen beginnend, zeichnen sich durch die Gleichförmigkeit ihrer Inhalte aus. An diesen wird der Leerlauf als Hin und Her des ausweglosen (infausten) Circulus Vitiosus deutlich sichtbar.

Meistens neigen die Vorwürfe dazu, sich zu gegenseitigen Quälereien und Streitigkeiten zu entwickeln, in denen die Partner sich ferner ihre unterschiedliche Herkunft, ihre andere Ideologie, ihre andere Artung und Befindlichkeit vorhalten. Diese können oft populär-psychoanalytisch oder psychologisch gefärbt den Jargon annehmen: „Du bist eben ein oraler Typ, ich bin mehr phallisch", oder „Ich habe eben ein ausgeprägtes Über-Ich, Du bist infantil", „Ich bin mehr hysterisch, Du bist zwangshaft". (Die dieser pseudowissenschaftlichen Sprache innewohnende Abwertung des anderen wird hier offenkundig.)

Diskussionen der geschilderten Art sind besonders unter jugendlichen Intellektuellen beliebt und werden dort mit bemerkenswertem gegenseitigem Sadismus praktiziert. Sie sind letztlich Ausdruck von Macht- und Rivalitätskämpfen, Ausdruck aber auch für die Verzweiflung, sich im Lieben und Geliebt-Werden getäuscht zu haben. Sie sind Ausdruck und Ausbruch häufig auch für mangelndes Liebesvermögen überhaupt und stellen in ihrer sich endlos reproduzierenden Leere bereits ein Endstadium möglicher Kommunikation dar.

Auf dem Hintergrund ferner einer zumindest zweideutigen Einstellung zur Sinnlichkeit (Sexualität) sind diese stereotypen Diskussionen auch in jenen Liebesbeziehungen anzutreffen, in denen die nicht eindeutig-positive oder ungebrochen-naive Beziehung zur Sinnlichkeit des einen Partners vom anderen Partner diesem „heimgezahlt" wird. Der Partner, dessen Verhältnis zur sog.

„Sexualität" sich unproblematisch darstellt, provoziert durch seine ungebrochene Beziehung zur Sinnlichkeit den anderen, der ihr ablehnend oder zwiespältig gegenübersteht. (Der ein sog. Mißverhältnis der Sinnlichkeit gegenüber zeigt.)

Das Erwecken sinnlicher Bedürfnisse in dem „neurotischen" Partner, der auf sinnliche Regungen mit Schulderleben antwortet, führt dazu, daß der letztere den ersteren eben für die Provokation der Sinnlichkeit zu bestrafen beginnt, sich dafür rächt: mit schlechter Laune, Kritik, Reizbarkeit. Das den Partnern oft verborgene Mißverhältnis dieser Beziehung wird in endlosen Diskussionen ausgeschürft, ohne daß die eigentlichen Widersprüche der Beteiligten dabei zur Sprache kommen. Alle nur denkbaren Gegensätze der Kommunikation, ihre Einschränkungen, die Notwendigkeit von Veränderung werden besprochen – im Kern bleibt die Beziehung aber unverstanden.

Der fünfte Teufelskreis endlich ergibt sich aus der Schwierigkeit, die dem Menschen innewohnende „Aggressivität", die sich in der Einkörperung des Machtstrebens, der Besitzwünsche, des Haben-Wollens, des Nehmens und Einvernehmens abzeichnet, zu verarbeiten. Sie ist – dies sei zur Erinnerung gesagt – als mögliche Nichtung jeder menschlichen Beziehung immanent. Sie zu akzeptieren, das nichtende Element menschlicher Kommunikation zu verarbeiten, dürfte zu den schwierigsten Problemen jeder menschlichen Verbindung zählen.

Die aus einer Mißstimmung, aus einer plötzlichen Antipathie dem Partner gegenüber, aus der Fluktuation des Seelischen sich ergebenden, kurzfristig-vorübergehenden Abwendungen von diesem oder gelegentliche, häufig unbegründete Zorn- oder Wutanfälle werden von dem Reizbar-Verärgerten oder Schlecht-Gelaunten als Antworten auf das Verhalten des Partners interpretiert – obwohl sie aus eigenen Stimmungsschwankungen stammen. Der andere wird für die eigene Reizbarkeit, schlechte Laune oder den Wutanfall verantwortlich gemacht und beginnt sich verständlicherweise zu wehren. Er streitet seine „Schuld" ab und bestätigt damit wiederum dem Angreifer das Recht, ihn in Frage zu stellen. Aus der eigenen Aggression wird der andere in die Position getrieben, in der er sich wehren muß, um damit zu „beweisen", daß er gerechtfertigten Anlaß zur Aggression gegeben hat. Dies ist die eine Seite des Kreises. Die andere betrifft die Rache des Angegriffenen, der sich zur Wehr und sich damit in den Augen des anderen in das Unrecht setzt und neue Bestrafung provoziert. Schuldgefühle wiederum belästigen und quälen beide, ergeben Anlaß zu erneuten Aggressionen. Bestreitet der eine Partner unklugerweise die Anschuldigungen, die ihm unterstellt werden, lehnt er es ab, daß er dort ein unbedachtes Wort gesagt, dort einer mißverstandenen Geste Ausdruck gegeben, wachsen die Spannungen. Gibt er es dagegen zu, findet eine kurzfristige „Reinigung" der Atmosphäre statt – bis sich in dem labiler-reizbaren Partner die Aggressivität neu zusammenballt und Spannungen der geschilderten Art sich wieder entwickeln.

Diese alltäglich zu beobachtenden Situationen führen meistens zu der Überzeugung des „Wie man es macht, ist es falsch". Denn das größere Unrecht wäre in den Augen des reizbar aggressiven Partners der Widerspruch gewesen. Das Unterlassen des Widerspruchs jedoch – nach dem Motto „Der Klügere gibt nach" – verhindert keineswegs, daß der eine Partner den nächsten Morgen nicht mit erneuten Anschuldigungen beginnt, wenn er, z. B. infolge eines zu spät eingenommenen Schlafmittels, mißgelaunt aufsteht.

Zu diesem Teufelskreis der fast unauflösbaren Schwierigkeiten Aggressivität in der Kommunikation zu überwinden, zählt auch das Provozieren und Fallenstellen: „Ich hatte Dir doch den Autoschlüssel hingelegt, damit Du zu N. N. fährst." Wohl wissend, daß der Partner einen Besuch bei N. N. nicht gerne unternimmt. Dieser ließ sich nicht zu dem Besuch provozieren, da ihm Eifersuchtsszenen gefolgt wären, sondern begnügte sich mit dem kleineren Unrecht, die Autoschlüssel nicht benutzt zu haben, um dafür jetzt Vorwürfe einzustecken.

Das zuletzt geschilderte Verhalten des provokatorischen Fallenstellens, das zu den „Guerilla- und Sabotagetaktiken" in den genannten Mißverhältnissen zwischenmenschlicher Beziehungen gehört, ist keineswegs auf einen Partner beschränkt: beide können sich hier wetteifernd „ergänzen", beide für eigene Mißstimmungen den anderen zum Sündenbock machen. Auch in diesem „Teufelskreis" werden Machtkampf, Rivalität, die Neigung zu fruchtlos im Kreise sich drehenden Debatten sichtbar. Damit wird deutlich, daß die sog. fünf „Teufelskreise" letztlich nur Aufgliederung eines und desselben Kreises unter verschiedenen Aspekten ist. Der Inhalt des einen und desselben Kreises besagt schlicht: Der andere ist an den eigenen Enttäuschungen, an den Mißverhältnissen der Beziehung, am eigenen Versagen schuld.

Zusammenfassend seien die Kreise in der aufgezeigten Entwicklung noch einmal dargestellt:

Erster „Teufelskreis": Strafe/Rache für die vier möglichen Grundenttäuschungen der Liebesbeziehung.

Zweiter „Teufelskreis": Macht- und Rivalitätskämpfe.

Dritter „Teufelskreis": Stereotype Diskussionen, Leerlauf.

Vierter „Teufelskreis": Zwiespältige Einstellung gegenüber der Sinnlichkeit.

Fünfter „Teufelskreis": Unfähigkeit, die Aggression des anderen oder die eigene zu bewältigen.

Die außerordentliche, jedem Psychotherapeuten vertraute Schwierigkeit, „Teufelskreise" dieser Art zu durchbrechen, die Partner aus ihrer gegenseitig sich nichtenden Umklammerung herauszulösen, ist bekannt, sie gehört zu den schwierigsten, unerfreulichsten Arbeiten des Fachmannes. Ein mühseliger Lernprozeß, eine bei den Partnern keineswegs immer anzunehmende Entschlossenheit, zu lernen, und die Bereitwilligkeit, bewußt auf den anderen einzugehen, sind die Voraussetzungen zur Durchbrechung des „Teufelskreises". Dazu zählt ferner der sogenannte gute Wille (das verantwortungsbewußte Bemühen), sich selbst zu korrigieren und die „Schuld" nicht im Vorhinein im Versagen des anderen, sondern im möglichen eigenen wahrzunehmen. Werden diese Voraussetzungen erfüllt, vermag sich aus dem „Teufelskreis" die zunehmend nach oben breiter werdende Spirale der Kommunikationserweiterung zu entwickeln.

# V. Weitere Grundprobleme der Liebesbeziehungen

*a) Die Unmöglichkeit einer Definition der Liebe und das Problem der Sehnsucht*

Der Gang der bisherigen Untersuchung hat gezeigt, was Liebe ist, wie sie erscheint und wie sie sich entwickelt. Zu dem „Was" zählt Bejahung des anderen, das Bedürfnis nach seiner Nähe. Es zählt aber auch dazu, daß eben das Bedürfnis nach Nähe – Liebe wieder aufhebt. Es wurde dargelegt, daß aus der Zuwendung allgemein und im Sinne eines übergeordneten Themas sich besondere Arten der Zuneigung, die Verliebtheit oder die leidenschaftliche Liebesbeziehung, ergeben können. Die letztere umschließt nicht nur das Bedürfnis nach Identität mit dem anderen, nach totaler Kommunikation und totalem Vertrauen mit ihm. Darüber hinaus will der Liebende anscheinend nur das „Beste" des anderen. Er will ihn verstehen, ihn über das Verstehen annehmen, seine guten und schlechten Eigenschaften gleichermaßen akzeptieren. Er will ihn fördern, bilden, verwöhnen, ihm Geborgenheit, Wärme, Schutz und Sicherheit vermitteln. Kurzum, je nach Persönlichkeit und ihrer Differenziertheit, halten sich Liebende und Geliebte für befähigt, dem anderen den „Himmel auf Erden" zu bereiten – zumindest im Beginn ihrer Beziehung.

Liebe – so wurde ferner ausgeführt – zeigt sich als positive Existenzintensivierung, als Existenzbereicherung in den Stufen wechselseitigen Gebens und Nehmens. In ihrer sinnlichen Erfüllung (aber nicht auf diese beschränkt) steigern sich die Liebenden vom Erleben des Traumhaften bis zur Verklärung und Entrückung der Umwelt und ihrer selbst.

Die der Liebe innewohnende Sinnlichkeit ließ diese einer eingeschränkten Sexualität gegenüberstellen. „Sexualität" gibt es nur in pathologischen Fällen. Das wissenschaftliche Studium der sog. Sexualität ist selbst eine historisch-gesellschaftlich bedingte Pathologie – der Wissenschaft. In der Sinnlichkeit selbst drängt das fortlaufend sich neu erzeugende Leben in das Erleben ein. In ihr liebt der Mensch als Lebendiger das Leben in der Person des anderen, bejaht er diesen mit „Leib und Seele", wird ihm der andere zur Welt, um die er, wie um einen Mittelpunkt „kreist".

Das „Nehmen" des anderen im sinnlichen Genuß ist auch ein

Sich-an-diesen-Geben, Hingeben, Ver-Geben, ein Aufheben wiederum der Sinnlichkeit im Vergehen des Genusses selbst.

Das vielfältige „Was" der Liebe läßt bereits nach dieser ersten Zusammenfassung keine Definition zu. Die Definition wird um so schwieriger, wenn das Wie der Wirkungen der Liebe miteinbezogen wird: ihre Pathik, ihr Leidensmoment. Zu diesem zählt ihr Umschlag in zahlreiche ihr innewohnende, von ihr nicht zu trennende Weisen der Nichtung des anderen – bis zur gegenseitigen Vernichtung in den erwähnten Teufelskreisen. Im Wie der Liebe stellt sich ihr Was dar und das eine ist letztlich nicht von dem anderen zu trennen. Deshalb kann nur eine möglichst umfassende (phänomenologische) Beschreibung der Liebe, ihrer Erscheinung wie auch ihrer Hintergründigkeiten, ihrem Wesen gerecht werden. Damit wird nicht der Anspruch erhoben zu wissen, „was Liebe sei".

Die in der Zuneigung liegende Zwiespältigkeit, die erwähnten Mißverhältnisse, die hier in dem Bedürfen nach Nähe, Aufhebung derselben durch die Nähe selbst zum Ausdruck kamen, dort sich in den Erwartungen „totaler Liebe" und entsprechenden Enttäuschungen darstellten, ließen in der Liebe selbst die Widersprüchlichkeit der menschlichen Existenz aufbrechen. Es ist die Widersprüchlichkeit der menschlichen Natur, die, wenn sie sich liebend dem anderen zuwendet, ihre Widersprüchlichkeit in der Liebe selbst erscheinen läßt.

So wird Liebe hier zur Bejahung des anderen, gleichzeitig auch zu seiner latenten Verneinung, zu seiner In-Frage-Stellung und Nichtung. Jederzeit vermag sie in die offenkundige Vernichtung des anderen umzuschlagen. Wird aber erst der Formen der Liebe gedacht, für die das Opfer und der Verzicht entscheidende Wesensbestimmungen der Zuneigung sind, dann ist die Nichtung (Verzicht) in der Liebe durch den Liebenden selbst evident.

Der Lernprozeß im Lieben beginnt in der Orientierung über das Was und Wie der „Liebe". Wann wird – so darf gefragt werden – „Liebe" am intensivsten erlebt? In der unerfüllten Sehnsucht, im Mangel des anderen – oder in der orgasmischen Erfüllung? Im Leiden „an", möglicher Distanz „um" die Art des anderen oder im „Besitz" dessen, der das Leiden verursacht? Beides ist „Lieben", das damit sich wieder als widersprüchliches, nicht rational zu fassendes Geschehen bestätigt. Ein Geschehen, das sowohl Leiden, Pathik, Sehnsucht, wie auch Erfüllung und Verklärung gleichzeitig zu sein vermag.

Warum sollte nicht den Berichten und Erfahrungen Glauben geschenkt werden, die z. B. aussagen, daß „im Höhepunkt des Orgasmus die Sehnsucht nach dem Partner am stärksten ist", weil dieser im Orgasmus selbst sich schon wieder entzieht? Warum soll nicht jenen geglaubt werden, die das Gefühl der Liebe als überhaupt unerfüllbares und unstillbares Sehnen und Leiden darstellen, wie es kein geringerer als Hölderlin im Hyperion tat? Diese Form der unerfüllten Sehnsucht durchzieht auch die religiöse Liebe der mittelalterlichen Heiligen und Mystiker, die der Minnesänger des europäischen, aber auch des vorderorientalischen Mittelalters. Diese Dichter und Verkünder eines möglichen Überstiegs der Liebe (Transzendenz) erleben zwar alle Phasen der sinnlichen Erfüllung der Liebe, ohne sie jedoch sinnlich ausgelebt zu haben. Im Unterschied jedoch zu der erfüllt-sinnlichen Liebe erlebten diese Menschen gleichzeitig die nicht zu erfüllende Sehnsucht ihrer Zuneigung. So daß einerseits alle „Wonnen" der „Minne" sinnlich durchkostet wurden, aber die eigentliche Sehnsucht unerfüllt bleibt.

Liebe erscheint in der Sehnsucht als intensivst empfundenes Mangelerleben[1] („Sehnsucht"), das kraft seines Leidens und seines gleichzeitigen Bedürfnisses über Kommunikation – Nähe zu dem Partner – die Sehnsucht selbst (das Mangelerleben, das Leiden) aufzuheben bestrebt ist. Das, was die Liebe selber geben möchte: Wärme, Geborgenheit, Verständnis, Anteilnahme bis zur sinnlichen Fülle leibhafter Beziehung, bis zum gemeinsamen Erleben von Verzückung und Verklärung, sucht sie im anderen zu erwekken. Klingt im Begriff der „Sucht" das unstillbare Verlangen an, das Minnesänger und Mystiker nicht weniger wie Liebende immer wieder darstellen, so verdeutlicht die Sehnsucht die tiefere Problematik des Liebeserlebens selbst. Während die Nähe zu dem Geliebten in Langeweile und Gleichgültigkeit umschlagen kann (s. o.), ist Sehnsucht jedoch nie aufhebbar, weil es keine Nähe gibt, die sie ganz zu erfüllen vermöchte. In der Sehnsucht nach dem/der Geliebten wird die mögliche Nähe desselben, seine ständige Anwesenheit bereits überstiegen, es wird „über ihn hinaus" geliebt. In der Sehnsucht enthüllt sich Liebe als Mangelleiden, als Leiden an der Unmöglichkeit, sich je zu erfüllen. Diese bisher noch nicht aufgewiesene Zwiespältigkeit des Liebesverlangens selbst wird in der platonischen Mythe wie folgt veranschaulicht:

„Als nämlich Aphrodite geboren war, hielten die Götter einen Schmaus, und mit den anderen auch Poros (Erwerb, Betrieb), der Sohn der Metis (Weisheit). Als sie aber gespeist hatten, da kam

---

[1] Mangelerleben und Kommunikation: s. D. Wyss, Mitteilung und Antwort, I/3.

Penia (Armut), um sich etwas zu erbetteln, da es ja festlich herging, und stand an der Türe. Poros nun begab sich, trunken vom Nektar – denn Wein gab es damals noch nicht –, in den Garten des Zeus und schlief in schwerem Rausche ein. Da macht Penia ihrer Bedürftigkeit wegen den Anschlag, ein Kind vom Poros zu bekommen: sie legt sich also zu ihm hin und empfing den Eros. Deshalb ist Eros der Begleiter und Diener der Aphrodite, weil er an ihrem Geburtsfeste erzeugt ward und zugleich von Natur ein Liebhaber des Schönen ist, da ja auch Aphrodite schön ist. Als Sohn des Poros und der Penia nun ist dem Eros folgendes Los zuteil geworden: Erstens ist er beständig arm, und viel fehlt daran, daß er zart und schön wäre, wie die meisten glauben, sondern er ist rauh und nachlässig im Äußern, barfuß und obdachlos, und ohne Decken schläft er auf der bloßen Erde, indem er vor den Türen und auf den Straßen unter freiem Himmel übernachtet, gemäß der Natur seiner Mutter stets der Dürftigkeit Genosse. Von seinem Vater her aber stellt er wiederum dem Schönen und Guten nach, ist mannhaft, verwegen und beharrlich, ein gewaltiger Jäger und unaufhörlicher Ränkeschmied, der stets nach der Wahrheit trachtet und sie sich auch zu erwerben versteht, ein Philosoph sein ganzes Leben hindurch, ein gewaltiger Zauberer, Giftmischer und Sophist; und weder wie ein Unsterblicher ist er geartet noch wie ein Sterblicher, sondern an demselben Tage bald blüht er und gedeiht, wenn er die Fülle des Erstrebten erlangt hat, bald stirbt er dahin; immer aber erwacht er wieder zum Leben vermöge der Natur seines Vaters, das Gewonnene jedoch rinnt ihm immer wieder von dannen, so daß Eros weder Mangel leidet noch auch Reichtum besitzt und also vielmehr zwischen Weisheit und Unwissenheit in der Mitte steht" (Platon, Das Gastmahl).

Der Mythos sieht den Wesenszug der Liebe: die Gleichzeitigkeit von unerfüllbarer Sehnsucht (Penia, Armut), Mangelleiden und Erfüllung (Poros), die sich gegenseitig bedingen und damit Liebe ermöglichen.

Das hier sichtbar gewordene, tiefe Mißverhältnis im Wesen der Liebe selbst fordert einen Lernprozeß, der nicht mehr und nicht weniger verlangt: daß die Sehnsucht, das Mangelleiden als Grundbewegung der Zuwendung zu dem anderen hin bei aller Erfüllung, bei aller Nähe diesem gegenüber bestehen bleibt.

Wird jetzt die Nichtung der Liebenden durch die Liebe, ihr Verfall in den verschiedenen „Teufelskreisen" erinnert, so liegt die Vermutung nahe, daß alle Mißverständnisse und Mißverhältnisse in der Liebesbeziehung letztlich aus der grundlegenden Diskrepanz von Erwartung und Wirklichkeit stammen. Sie haben die Vernichtung der Nähe des anderen, die Aufhebung aller Erfüllung im Auge, um damit jedoch die Sehnsucht, das zu Liebe führende Mangelerleiden erneut zu erwecken.

Hier gewinnen die „Versöhnungen" einen besonderen Sinn, die häufig im sinnlichen Bereich nach stunden- oder tagelangen Auseinandersetzungen stattfinden. Sie heben mit erheblichem Einsatz die Gegensätzlichkeiten der Auseinandersetzung wieder auf, um sie nichtsdestoweniger wieder aufflammen zu lassen, um neue Trennung zu provozieren, damit neue Sehnsucht und ... erneute Versöhnung. Dieses Spiel, „das die Liebe mit dem Menschen spielt", gilt es, als entscheidende Stufe im Lernprozeß der Liebe zu durchschauen.

## b) Liebe als sich selbst heilender „kreativer Wahn"

Auf die Verwandtschaft des Liebeserlebens zu den sog. „zyklotymen" Erkrankungen (manisch-depressive Psychosen), vor allem in der Art der durch die Liebe bedingten Stimmungslabilität, des „Himmelhoch jauchzend und zu Tode betrübt", wurde bereits oben verwiesen, ebenso kann die Neigung, in dem Geliebten eine Person wahrzunehmen, die der wirklichen nur begrenzt entspricht und um eines eigenen Wunschbildes willen geliebt wird, krankhafte Züge aufweisen. Darüber hinausgehend sind auch die Empfindlichkeit und allgemeine psychisch-leibhafte Labilität der Verliebten, die zahlreichen in der Liebesbeziehung auftauchenden psychosomatischen Störungen, ein Hinweis auf die Nähe der Liebesbeziehung zu tiefgreifenden seelischen Gleichgewichtsstörungen. Diese können in extremen Formen bis zu einem (meistens vorübergehenden) Verlust fundamentaler Ortung und Orientierung des Menschen in den Perspektiven von Außen- und Innenwelt, von Oben und Unten, von Nähe und Ferne, von Vorne und Hinten führen: zu einer Psychose[1]. Auf diesen Verlust der Perspektive sei vor allem im Zusammenhang der Umkehrung des Welterlebens in der Liebesleidenschaft verwiesen (s. o. S. 44 f.), der einsetzt, wenn der Geliebte für den Liebenden zum überwiegenden Weltmittelpunkt – und umgekehrt – werden. Es ist deshalb möglich, in der Liebesbeziehung von einem vorübergehenden Verlust der Perspektive zu sprechen.

[1] Zur Definition der Psychose als Verlust der Perspektive, s. D. Wyss, Beziehung und Gestalt, Teil II/10.

Zu diesem Verlust der Perspektive, der Veränderung damit der Umweltbeziehung und Bedeutungen für die Liebenden, zählt auch die von den Liebenden gerne geübte, nur ihnen verständliche Symbolsprache. Die Bedeutung überhaupt, die für Außenstehende bedeutungslose Tatsachen unter Liebenden gewinnen: eine geknickte Blume am Wegrand wird als böses Omen gewertet, eine Knospe, die am Geburtstag des Geliebten/Liebenden aufgeht, als günstiges Zeichen, um nur zwei Beispiele aus einer Unzahl zu nennen, in denen ein magisches Welterleben aufbricht.

Der Eintritt in diese magisch-mystische Welt, die in gemeinsamen Ahnungen, Besprechen von Träumen, in scheinbar telepathischen Begebenheiten sich kundgibt, in der außerordentlichen Bedeutung, die plötzlich Zufälle gewinnen und zu „unumstößlichen Gewißheiten" werden, ist in verzerrter Weise auch für die sog. Wahnkrankheiten charakteristisch. Dazu zählen, der Definition des Wahnes gemäß[1], „unumstößliche Gewißheiten", die wie „Glaubensinhalte" behandelt werden; wie vergleichsweise die Überzeugung, daß der Liebende auf Gegenliebe gestoßen ist, obwohl kein Grund zu dieser Annahme besteht. Aber auch Meinungen über die Person des anderen, ihren Charakter, ihre Ansichten oder ihr Herkommen, die „frei eingefallen" (erfunden oder intuitiv erraten) sind, können in einer Liebesbeziehung zu unumstößlichen Gewißheiten werden. Zu den unumstößlichen Gewißheiten zählen auch der Glaube an die Dauerhaftigkeit der Verbindung nicht weniger wie die Überzeugung von der Einmaligkeit der Beziehung. Zu ihr gehört aber auch das: „Er kann so etwas nicht tun, ich vertrau ihm ganz", um zu erleben, daß der andere „dieses und noch viel Schlimmeres" getan hat.

Ohne in die komplexen und widersprüchlichen Definitionen des Wahnes und der Wahnkrankheit einzutreten, die als Krankheiten meistens negative Erlebnisse beinhalten – Verfolgungswahn, Vergiftungswahn, Eifersuchtswahn –, sei nichtsdestoweniger daran erinnert, daß im Wahn bestimmte Erlebnisse überwiegend von dem Kranken Besitz ergreifen. Diese früher als „Besessenheiten" bezeichneten Gemütsstörungen werden auch in der Liebe angetroffen, wenn die Liebenden voneinander „besessen" sind und damit den zwanghaft-unfreiwilligen Charakter der Liebesbeziehung charakterisieren. Diesen pathischen Zug der zwanghaft-erlebten Auslieferung bezeichnet die Psychoanalyse als „Fixierung". Wird darüber hinaus von der Liebe vergleichsweise als von einem

---

[1] Die Definition des Wahns nach Huber und Lamm, s. D. Wyss, Beziehung und Gestalt. S. 376.

„Wahn" gesprochen, dann nicht zuletzt deshalb, weil in den Liebenden die Überzeugung unerschütterbar ist, daß sie tatsächlich in ihrem Zu-einander-Finden Identität mit dem anderen verwirklicht haben. Die Erwartung von totaler Kommunikation und totalem Vertrauen, die Erwartung der Aufhebung der Einzelexistenz im anderen haben sich erfüllt – so „wähnen" die Liebenden.

Die Phase der Verbindung die durch „Identitätsfindung im anderen" ausgezeichnet ist, die sich im Sinnlichen entzündet, dann zu den ekstatischen Steigerungen der Traumhaftigkeit oder Verklärung sich emporschwingt, hat bestenfalls „wahnhaften Charakter". Im Unterschied zu der psychotischen Wahnstörung ist es jedoch stets ein „Wahn zu zweit", eine „folie à deux", wie sie die französischen Psychiater beschrieben haben. Jedenfalls wird von beiden Partnern Identität, Verschmelzung mit dem anderen zu einem „Ich" gemeinsam erlebt, diese Verschmelzung wird für wahr gehalten. – Erst im Abklingen der genannten Phasen, in der zunehmenden Wahrnehmung des anderen als einer selbständigen Person, im Einsetzen der ersten Enttäuschungen, beginnt der „Wahn" sich aufzulösen.

Wenn der Begriff des „Wahns" häufig angewandt wird, um damit die die Persönlichkeit tiefgreifend und negativ verändernden Wesenszüge zu erfassen, so stellt demgegenüber der „Liebeswahn" eine außerordentlich produktive, die Partner in ihrer Existenz im allgemeinen bereichernde, steigernde Veränderung dar. Im Vergleich mit den Liebenden zeigt sich der eigentliche Wahnkranke in seiner Kommunikation mit der Umwelt hochgradig eingeschränkt. Eine Differenzierung, Bereicherung, Entfaltung seiner Persönlichkeit wird nicht mehr beobachtet. Es fehlt dem Wahnkranken die Beziehung zu dem anderen, die den „Liebeswahn" im entscheidenden Unterschied zu jeder krankhaften Veränderung ausmacht[1].

Dem Kranken gegenüber hebt sich das kreativ-schöpferische Moment der Liebesbeziehung ab, das Erfinderische, Sich-Differenzierende und Entwickelnde derselben. So erhöht und steigert die „glückliche Liebesbeziehung" auch die eigene Kreativität, falls diese z. B. noch unentdeckt war. Zahlreiche Selbstzeugnisse von Künstlern oder Erfindern dokumentieren eindrucksvoll die enge Verbindung zwischen dem Entfachen einer Liebesbeziehung hier, Beginn einer neuen Phase kreativer Entwicklung dort. (Besonders ausgeprägt in der Lebensentwicklung Goethes als einem Muster-

---

[1] Ausführliche Literaturausgaben zu diesem Thema in D. Wyss, Beziehung und Gestalt, Teil II/10.

beispiel der engen Verbindung zwischen Kreativität und Liebesleidenschaft.)

Die Lebensläufe von Individuen, die nicht nur einmal eine intensive Liebesbeziehung erfuhren, die sich überhaupt durch das Suchen nach immer wieder neuen Liebesbeziehungen auszeichnen, weisen – trotz aller „sekundären Motivation" wie Bedürfnis nach Bestätigung, Geltung, „Imponiergehabe", Don-Juanismus u. a. m. – den schöpferisch-phantasievollen Charakter auf, sich immer wieder „neu verlieben zu können". Wieder einmal erleben diese Personen am Partner die positiv-erfüllende Wertsteigerung der Verliebtheit, die „Illusion" der Identitätsfindung, die Trennung und den möglichen Schmerz. Diese Menschen übersteigen, transzendieren in ihrer Weise die Alltäglichkeit des Daseins und zeigen eine nicht von vorneherein moralisch zu verurteilende Existenzweise. Ihr schöpferischer Impetus beruht eben in dem Vermögen, im anderen möglicherweise „mehr" zu sehen, als er faktisch ist, damit die Kommunikation anzuregen und zu erweitern.

Es ist das Vermögen des Verliebten, sich selbst über den anderen zu erschließen, das oben in der kritischen Durchleuchtung des Übertragungsbegriffes auseinandergesetzt wurde. Es scheint nicht gerechtfertigt, diesen Menschen moralisch anzulasten, daß sie in den ihnen begegnenden Partnern „falsche Hoffnungen" erwecken, es sei denn, es handelt sich um lügenhafte Psychopathen. Vielmehr verstehen sie in demjenigen, in den sie sich verlieben, häufig die analoge Kreativität zu provozieren, auch wenn die Beziehung nicht von vorneherein als institutionalisierte, auf Dauer angelegte, „geplant" ist.

Die Kreativität der Liebesbeziehung besteht eben in dem Vermögen, im anderen „etwas" hervorzurufen, zu provozieren, zu wecken, es in Erscheinung treten zu lassen, das vorher verborgen war. Der Geliebte oder Liebende sind dem Künstler zu vergleichen, der in seiner Schöpfung ihm selbst Verborgenes sichtbar macht. Die Liebesbeziehung vermag im jeweiligen Partner Möglichkeiten erwecken, die zu seiner Differenzierung und Entwicklung beitragen, die wiederum steigernd auf die Beziehung zurückwirken können. Dadurch bahnt sich eine aufwärts strebende Spirale sich differenzierender Kommunikationserweiterung an.

Daß diese Kreativität auf dem „Wahn" der Identitätsfindung fußt und in dem Maße den „Teufelskreisen" zu verfallen droht, indem die zentralen Enttäuschungen erlebt werden, ist keineswegs für jede Liebesbeziehung notwendige Entwicklung. Die Kreativität der Liebesbeziehung wirft aber die Frage auf, ob „Wahn" in diesem positiven Sinn überhaupt noch als krankhaft bezeichnet werden darf, nachdem dem sog. „Liebeswahn" schon die einseitig-kommunikationsgestörte Persönlichkeitsveränderung der eigentlichen Wahnkranken abgesprochen werden mußte. Ferner wäre die Frage aufzuwerfen, ob überhaupt Schöpferisches ohne „Wahn", d. h. ohne partiellen Verlust der Perspektive, ohne Besessenheit durch die Bilder des Innen möglich ist. Fragen, die allerdings in diesem Zusammenhang nicht mehr beantwortet werden können.

Die „Kompensation" oder der Ausgleich der Erlebnisse, die den Vergleich der Liebesbeziehung mit dem Wahn erlauben, erfolgt durch das graduelle, schrittweise Wahrnehmen des anderen in seiner Andersartigkeit. Sie erfolgt durch die Wahrnehmung nicht des eigenen „Ich" im Partner, sondern des anderen als eines unabhängigen „Du". Diese grundlegenden Veränderungen („Korrekturen") der Wahrnehmung „heilen" den Liebeskranken von seinem Wahn. In diesem Sinne wäre die Liebesbeziehung – bei aller grundlegenden Unterscheidung von pathologischen Wahnformen – ein sich selbst heilender, schöpferischer Wahn.

Wird der Wahn ausnahmsweise dem Wort „Täuschung" gleichgesetzt – der Wahn ist nicht mit der Täuschung identisch, aber der Wahn vermag Sinnestäuschungen zu erzeugen, wie umgekehrt, aus Täuschungen Wahn entstehen kann –, findet die „Ent-Wahnung" (Ent-Täuschung) statt. Die Partner stehen vor der Gefahr: in die „Teufelskreise" zunehmender, gegenseitiger Vernichtungen zu fallen. Läßt sich das verhindern?

Die geglückte Liebesbeziehung ist die, in der ein gemeinsamer Entwicklungsprozeß stattfindet. Diese Entwicklung vermag die Enttäuschungen der nicht wirklichen, nicht anhaltenden Identitätsfindung auszugleichen, allerdings häufig auf Kosten der gegenseitigen Kreativität. Das Schöpferische scheint des gemeinsamen „Wahns" zu bedürfen (s. o.), der vielleicht deshalb als „Wahn" der Selbstaufhebung, der Identitätsfindung mit dem anderen sich kundgibt, weil das Leid der Einzelexistenz (das Getrennt-Sein, s. o.) letztlich unerträglich ist. Die Unerträglichkeit der Einzelexistenz bedingt den Wahn der Identitätsaufhebung im anderen (s. auch das oben über die Sehnsucht Ausgeführte).

Vereinzelung, Bedürfnis nach Aufhebung derselben in der Nähe zum anderen (Identitätsfindung), erneute Vereinzelung bei Erfüllung des Bedürfens nach Nähe (Identitätsaufhebung) machen die Grundbewegung der Liebe aus. Diese wird von keiner Institutionalisierung, von keiner psychoanalytischen Theorie, von keinem („orthodoxen") Sozialismus aufgehoben, noch die aus ihr sich immer wieder ergebenden Konflikte – es sei denn, daß der „Wahn" erfüllter Liebe die Liebe als Bewegung zu dem anderen (Sehnsucht) aufhebt.

Für das Verstehen der Liebesbeziehung sei jetzt folgende Zusammenfassung gegeben:

Frühkindliches Trennungserleben, Vereinzelung der Existenz.

↓

Zuwendung und Kommunikationsbedürfen aus Ermangelung des anderen (Mangelleiden, Sehnsucht); Zuwendung in der Kindheit zu den nächsten Pflegepersonen.

↓

Aus Zuwendung zur Welt im allgemeinen entwickeln sich die spezifischen Weisen der Zuneigung. Zu diesen zählt das Bedürfen nach sinnlich-leibhafter Nähe des anderen, nach Verliebtheit, bis zu seiner Steigerung in den leidenschaftlichen Liebesbeziehungen.

↓

Sehnsucht als „Grundbewegung" der Liebesbeziehung, die Einzelexistenz aufzuheben. Diese Aufhebung wird in der Liebesbeziehung außerordentlich wertpositiv erlebt. Sie umfaßt von Wärme und Geborgenheit bis zu orgasmischer Verklärung die Skala möglicher, positiver Werterlebnisse überhaupt.

↓

Sehnsucht impliziert die Grunderfahrung, daß Einzelexistenz nicht aufhebbar ist, deshalb:

↓

führt sie immer wieder zur „Suche" („Sucht") und Annäherung an den oder die anderen überhaupt.

↓

Steigerung der Sehnsucht aus dem Mangelerleben der Vereinzelung und des Kommunikationsbedürfnisses

↓

führen zum „Wahn" der Liebesbeziehung, zum Erleben der Auslöschung der Einzelexistenz.

↓

Im „Wahn" der Liebesverbindung als Aufhebung der Einzelexistenz entwickeln sich schöpferische Möglichkeiten,

↓

die durch die 4 Grundenttäuschungen eingeschränkt werden, neue
Sehnsucht entfalten, die wiederum durch „Nähe", „Erfüllung"
und erneute Enttäuschungen ... enttäuscht und für mögliche andere Verbindungen „freigesetzt" wird.

↓

Der Lernprozeß besteht in der Möglichkeit, zwischen „Wahn" und
„Sehnsucht" hier und den nicht ausbleibenden Enttäuschungen
dort zu vermitteln (auszugleichen, sie zu kompensieren).

*c) Warum soll Lieben erlernt werden?*

„Die Liebe kommt und geht, wann sie will." Oder: „Die Liebe
vom Zigeuner stammt", singt Carmen in der gleichnamigen Oper.
Die zahlreichen institutionellen Absicherungen und Einschränkungen, vermittels derer die Menschheit in ihrem historischen Werde-
gang die Liebesbeziehungen eingeschränkt und umzäumt hatte,
verfolgten ausdrücklich neben anderen (z. B. ökonomischen) Interessen auch die Tendenz, sich gegen die nicht voraussseh- und
nur bedingt verfügbare Pathik der Liebe abzusichern. Häufig
wurde Liebe überhaupt aus den gesellschaftlich bindenden Beziehungen ausgeschlossen (s. o.).
Was, so erhebt sich die Frage, ist an der Liebe lernbar, die als
pathisches Geschehen bestenfalls Absicherungen verlangt? Ist es
nicht vielmehr ausgesprochen Glückssache, ist es nicht Zufall, ob
die Partner nach schrittweisem Wahrnehmen ihrer selbst als Verschiedener, als Nicht-Identischer, nach Aufhebung des Bedürfnisses, total zu kommunizieren und zu vertrauen, sich noch ausglei-
chend aufeinander einstellen, so daß sie zusammenbleiben? Daß
die Partner die faktischen Kommunikationsgegensätze, die im
Prozeß der „Ernüchterung" schrittweise auftauchen, ausgleichen
und bestenfalls über die Entwicklung von Kompromißlösungen
das „Abrutschen" in einen der „Teufelskreise" verhindern?
Ist das letztere lernbar?
Wäre nur das letztere lernbar, hieße dies, Abschied von den Hoffnungen zu nehmen, die die Liebesbeziehung immer wieder erweckt.
Es hieße, auf die Beglückung zu verzichten, die die Liebe mit einer
Aura möglicher Erfüllung umgibt. Statt dessen soll man einem
mühsamen, rational gelenkten „Lernprozeß" sich unterziehen

– möglichst mit einem psychologischen Lehrbuch in der Hand. Wer aber möchte sich dieser Arbeit unterziehen? Weshalb Möglichkeiten der Kompromißbildung in der Beziehung aufsuchen, weshalb hier Ausgleich finden, dort Ergänzung, dann wieder Neutralisierung von Gegensätzen – um doch nur zu realisieren, daß die Intensität anfänglicher Zuneigung einem dürren Lehr- und Lerngebäude gewichen ist? Über das Lernen schreibt Viktor von Weizsäcker allerdings kritisch:

„Indem ein Kind etwas lernt, opfert es ein Stück Liebe und gewinnt dafür ein Stück Herrschaft[1]."

Die folgenden Ausführungen werden jedoch zeigen, daß Lernen als Verinnerlichung und Inne-Werden einer Zuneigung Vertiefung bedeutet, nicht Herrschaft.

Warum, so muß vertieft gefragt werden, soll Liebe aber überhaupt erlernbar sein? Warum soll es nicht bei den Zufälligkeiten des Sich-Begegnens und Sich-Trennens bleiben, die bereits unter der Voraussetzung stattfinden könnten, daß nach Einsetzen der Grundenttäuschung eben die Trennung zu vollziehen ist? Aus der Trennung werden neue „Energien" für den anderen Partner „freigesetzt", diese möchten, nach Art chemischer Verbindungen, „libidinös" neu besetzt werden.

Warum sollte darüber hinaus nicht die unverbindliche Promiskuität, möglichst mit wenig emotionaler Beteiligung und entsprechend wenigen Konflikten, zur Tagesordnung werden, wie dies vielfach bereits als fortschrittlich qualifiziert wird? Hat sich nicht die Ehe in zahllosen Fällen als eine Institution erwiesen, die schon aufgrund ihrer Institutionalisierung die Spontaneität einer sich prinzipiell nie erzwingen lassenden Zuneigung zur Institution macht, die Zuneigung damit aufheben muß? Ist die Ehe nicht bereits als Prostitution – Versorgung im Tausch gegen Geschlechtsverkehr – bezeichnet worden?

Weshalb also „Lieben als Lernprozeß" – wenn Lieben die Tendenz hat, sich selbst in seiner Erfüllung aufzuheben? Bleibt nicht allein die Alternative zwischen Kompromißbildungen in der Ehe hier – als möglichem Lernprozeß –, unverbindlicher Promiskuität dort?

Eine ontologische von Ewigkeit zu Ewigkeit gültige Bestimmung der Monogamie als Krone menschlicher Liebesbeziehungen läßt sich ohne den Rückgriff auf Dogmen kaum aufrecht erhalten, wenn auch auf Grund ethnologischer Untersuchungen anzuneh-

---

[1] V. v. Weizsäcker, Anonyma, Zitiert nach V. v. Weizsäcker u. D. Wyss, Zwischen Medizin und Philosophie, Göttingen 1957, S. 225.

men ist, daß die Monogamie die Kernform möglichen Zusammenlebens schon in prähistorischen Zeiten gewesen ist. Daß die Frühmenschheit nicht – wie es sich Marx und Engels noch vorstellten – promiskuös gelebt hat, darf als erwiesen angesehen werden. Das Sammler- und Jägerdasein als die früheste wirtschaftliche Existenzform der Menschheit dürfte sich – analog zu heute noch lebenden, bzw. erst in den letzten Dezennien ausgestorbenen Sammlern- und Jägerethnien – monogam abgespielt haben. Wieweit jedoch diese prähistorische Form der Monogamie aus „Liebesbeziehungen" hervorgegangen ist, läßt sich nicht ermessen; die Frage nach einer möglichen monogamen „Bestimmung" des Menschen ist historisch-gesellschaftlich nicht zu klären. Die Vergleiche mit heutigen Ethnien, Jägern und Sammlern, z. B. australischen Ureinwohnern, Weddas, Eskimos, Feuerlandindianern oder Pygmäen zeigen, daß das Verhältnis von Liebesbeziehungen zu institutionalisierten Ehen sehr unterschiedlich gehandhabt wird, Liebesbeziehungen aber durchgängig vorkommen[1].

Die Frage jedoch, warum sollte Liebe erlernbar sein: weil die monogame Verbindung vielleicht phylogenetisch die älteste und damit einzig erstrebenswerte sei, ist mit dieser Antwort nicht beantwortet. Zahlreiche Gründe sprechen darüber hinaus gegen die Einschränkungen der monogamen Verbindung. Dort wo sie maßgeblich war, z. B. in christlichen Jahrhunderten, hat die Gesellschaft sich stets um Zulassung auch anderer Liebesbeziehungen bemüht. Von ihrer Institutionalisierung abgesehen, ist der Ausschließlichkeitsanspruch der monogamen Besitzergreifung der Partner einander gegenüber höchst problematisch und wird häufig Anlaß zu erheblichen Konfliktentwicklungen. Es ist ein Anspruch, der sich darüber hinaus nur im Rückgriff auf moralisch/ethische Forderungen aufrecht erhalten läßt.

Dennoch – haben die aufgeworfenen Fragen nicht ein wesentliches Moment außer acht gelassen? In früheren Zeiten – vor den Höhepunkten derzeitiger empfängnisverhütender Mittel, einschließlich der sog. „Pille" und der weitgehenden Freigabe der Schwangerschaftsunterbrechung – war es „normal", daß aus der Liebesbeziehung ein oder mehrere Kinder entstanden. Durch die Zeugung mußten die eng aufeinander bezogenen Liebenden plötzlich aus ihrem sie ausschließlich umfassenden Kreis treten, denn die Kinder mußten ernährt, gepflegt, bekleidet, gewärmt werden.

---

[1] Ausführliche Literaturangaben und Belege zu diesem Thema bei D. Wyss, Strukturen der Moral, Göttingen 1970.

Die Kinder wurden zu Bezugspersonen des jeweiligen sozialen Ganzen, der Gruppe.

Die weitgehende Entfremdung in der Moderne zwischen Liebesbeziehungen und Zeugung dürfte die Problematik zwischen Liebe und ihrer Institutionalisierung zusätzlich verstärkt haben. Diese bestand früher zwar nicht weniger, sie belastete die Liebesbeziehungen aber von Anfang an mit einer sozialen (gesellschaftlichen) Hypothek, die an die gesellschaftliche Verantwortung der Liebenden appellierte.

Finden sich heute Liebende zusammen, zeugen sie ein Kind, das sie auch aufziehen wollen, dann wird plötzlich die Frage der Monogamie – bei allen Vorbehalten dieser Institution gegenüber – akut. Trennung und Scheidung sehen aus der Perspektive vorhandener Kinder bereits wesentlich anders aus, als wenn nur ein Liebespaar auseinandergeht. Kompromißbildungen, die sich in unserer Zeit anbieten, wie Gemeinschaftserziehung, Großfamilie – einschließlich jederzeit unverbindlich auflösbarer Einzelbeziehung – lassen sich in ihrer Auswirkung auf die aufwachsenden Kinder und die Erwachsenen (!) noch nicht annähernd beurteilen. Allerdings ist man auch früher mit Kindern aus nicht-institutionalisierten Liebesbeziehungen außerordentlich verschieden umgegangen: Die Möglichkeiten reichten von der Aufzucht in der institutionalisierten Familie bis zu ihrer Deponierung vor Klostertüren oder ihrer Abtreibung bei der „Engelmacherin".

Mit anderen Worten: der Liebesbeziehung wohnt durch ihre Möglichkeit, sich in der Erzeugung von Kindern zu objektivieren, ein soziales Moment inne, das schon in prähistorischen Zeiten zur Bildung von Kleinstgruppen, der Bestimmung von Verwandtschaftsbeziehungen und zu der Institution des Inzestverbotes geführt hat.

Wenn im Verlaufe der Neuzeit durch die empfängnisverhütenden Mittel die Erzeugung von Kindern dagegen nicht mehr unvermeidlicher Anteil der Liebesbeziehung ist, wenn diese dadurch den Charakter von sozial (gesellschaftlich) zunehmend unverbindlichen Beziehungen gewonnen haben, dann stellt sich jetzt erneut und verschärft die Frage: Warum lernen?

Ihrer sozialen Verantwortung weitgehend verlustig, erscheint für die Liebenden ein Lernprozeß überflüssig, den eine sozialisierte monogame Verbindung verlangen könnte. Für die monogame Verbindung jedoch scheint es keine ausreichend-überzeugende Fundierung zu geben.

Auf die Frage „Warum Lernen" läßt sich deshalb nur die Antwort geben: um der Hoffnung willen. Hoffnung – auf was?

Hoffnung, die Beziehung, wie sie von zwei Liebenden erlebt wird, als Beziehung zu erhalten, damit die beglückend und steigernd erlebte Entwicklung der Liebenden, ihre Differenzierung und ihre innere Bereicherung durch zunehmende, wechselseitige Entfaltung ihrer Persönlichkeiten sich weiterhin trägt. Die Hoffnung auf dauerhafte Verwirklichung totaler Kommunikation – selbst nach Durchlaufen und Erfahren der grundlegenden Enttäuschungen – läßt auch heute noch eine nicht abzuschätzende Zahl von Liebespaaren zusammenziehen, zusammenleben und heiraten. Dies ist mit zunehmender „Entmenschlichung" des Alltags in den sog. sozialistischen Ländern ebenso zu beobachten wie in den sog. kapitalistischen. Mit zunehmender Enthumanisierung der Welt wächst die Hoffnung auf das „private Glück". Sie wächst, trotz wiederum zahlreicher negativer, gegenteiliger Erfahrungen. Denn jenseits aller Skepsis gegenüber den Liebesbeziehungen hat die Hoffnung auf Aufhebung der Einzelexistenz im anderen, auf totale Kommunikation und totales Vertrauen nicht nachgelassen, sie ist eine „anthropologische Konstante".

Dieser Hoffnung steht die Leiderfahrung zahlloser Menschen gegenüber, die in ihrem Bemühen um Liebesbeziehungen gescheitert sind, die Schiffbruch erlitten und die in einem liebeleeren Dasein beziehungslos dahinwelken müssen. Es ist das Heer der Resignierten und Enttäuschten, die nicht lernen konnten, weil sie nicht wußten „wie". Diese bilden eine weitere Rechtfertigung des „Lernens".

Die grundlegenden menschlichen Sehnsüchte und Du-bezogenen Erlebnisse werden in einer Zeit, die in ihren „kollektiven" Institutionalisierungen, in ihrem ständigen Appell an das Kollektiv hier, an Gemeinschaftssinn dort sich auslebt, nicht erfüllt. Weil diese Hoffnungen nicht durch Pseudogemeinschaften und Propagandathesen zu betrügen sind.

Je weniger die Neuzeit erfüllende Möglichkeiten bietet, dem einzelnen seine Existenz tragbar zu gestalten, um so intensiver wird die Suche (Sehnsucht) nach der Erfüllung des persönlichen Daseins durch die Liebe in den Vordergrund treten.

Es wäre also letztlich ein „unausrottbares", anthropologisch (menschlich) fundiertes Bedürfen, Einsamkeit und Trennung aufzuheben oder sich im anderen zu finden, das mit Beharrlichkeit sich als ein andauerndes Erlebnis wissen will.

Die Hoffnung, in der Liebesbeziehung zu lernen, ergibt sich somit aus: a) dem fundamentalen Bedürfen (als Mangelerleben) nach Liebe überhaupt; dieses umschließt b) das Vermögen, den anderen wieder zu lieben; c) aus der Hoffnung ferner, der Liebesbeziehung Dauer zu verleihen, Trennung immer wieder aufzuheben, indem Liebe beantwortet wird; d) und endlich den Enttäuschten einen Weg des Lernens aufzuweisen.

# VI. Sich-Lieben als Lernprozeß

## a) Die Wahrnehmung des anderen, das „Du"

Den anderen als je-einmalige Person, als nur mit sich selbst Identischen, als ein „Du" wahrzunehmen, das ist der erste und schwierigste Schritt im Lernprozeß des gegenseitigen Sich-Liebens. Er ist schwierig, da er die Enttäuschung umschließt, daß Geliebte und Liebender nicht eins sind. Daß, trotz sinnlicher Übereinstimmung und wechselseitiger Beglückung, die orgasmisch erlebte Aufhebung der eigenen Person, ihre Entgrenzung, ihre Verklärung im Verlaufe der Liebesbeziehung zunehmend und ausschließlich eben auf die Augenblicke orgasmischer Erfüllung sich beschränken.

Die Alltäglichkeit des Mit-einander-Umgehens setzt das Erleben der Einheit nur bedingt oder gar nicht fort. Es zeigt sich, daß der andere ein anderer in Gewohnheiten, Ansichten, Interessen, in seiner Gestimmtheit wie auch in seinen Empfindlichkeiten ist. Er ist keine „Tabula rasa", die man zum eigenen Bilde umformen kann – er wird sich vielleicht einer solchen Umformung widersetzen.

Den anderen als anderen wahrzunehmen, umschließt die Möglichkeit, ihn in seinem Charakter zunehmend zu sehen und zu erfassen. Dabei ist es relativ gleichgültig, welche „Charakterologie" hier Pate stehen muß, um das zu benennen oder gar zu klassifizieren, durch das der andere als anderer sich darstellt. Ihn in seiner Person (Persönlichkeit) wahrzunehmen, heißt z. B., daß sich sein Herkommen erschlossen hat, heißt, daß er als ein aus diesem Herkommen Gewordener sich mitteilt. In der Beziehung zu ihm werden sein Lebensraum, seine derzeitige Umwelt, werden seine Orientierungsprinzipien, sein Verhalten zur Emotionalität, zum Leib, sein geistiges Vermögen, sein Verhältnis zur Leistung, aber auch zum Spiel sichtbar. Wurde er z. B. zu Ehrgeiz und Arbeit angehalten? Wird es von dort aus verständlich, daß er/sie z. B. nach einer sinnlich-erfüllten Begegnung gleich zu Büchern greifen muß? Daß er zu viel arbeitet – oder daß er gar nicht zu arbeiten vermag, dafür täglich wiederholt intimen Umgang sucht, sich in diesem aber kindhaft-passiv verhält? Lassen sich ihre/seine Schwermutsanfälle und Bedrückungen aus der Lebensart der Eltern verstehen, aus seiner religiösen Überzeugung oder einer ähnlich veranlagten Mutter? Ist sie in ihrer „weiblichen Rolle" unsicher, fühlt sie sich überfordert, hat sie Angst vor „sexuellem" Versagen, er vor Impotenz? Leiden sie an tief verankerten „Minderwertigkeitsgefühlen", die sie unruhig, durch hektische, oft leerlaufende Aktivität kompensieren? Warum muß N. N. oder X. Y. sich stets mit neuen Freunden zeigen, warum will er seine „Verflossenen" nicht vergessen, warum erzählt er immer wieder von ihnen, obwohl er merkt, daß er den anderen Partner damit schmerzt, verletzt, trifft?

Wie ist es möglich, daß er/sie hier milde und einfühlend einen Bekannten beraten, bei Erörterung eigener Probleme aber gar nicht zuhören? Wie kommt es, daß er/sie letztlich ganz orientierungs- und haltlos im Leben dastehen? Wie sah dies im Elternhaus, in ihrem Lebensraum aus? Warum ist sie/er so verspielt, daß sie am liebsten nur vor dem Fernseher sitzen und gar kein Gespräch, nicht einmal eine Unterhaltung zustande kommen lassen? Zahllose Fragen dieser Art entstammen der Alltäglichkeit von Liebesbeziehungen, in der die Liebenden sich nach dem „Warum" eines bestimmten Verhaltens ihres Partners befragen. Zur Frage, zum Problem wird, was anfangs noch nicht bemerkt wurde.

Dieses Verhalten, das nicht dem Bild entspricht, das sich dem anderen anfangs vielleicht zeigte, nicht den Erwartungen, die in ihn gesetzt wurden, verlangt bestimmte Erklärungen. Die Erklärungen ändern zwar nicht das Verhalten, aber sie lassen es leichter ertragen, nach dem Motto: „Alles verstehen, ist alles verzeihen".

Hier haben eine vulgarisierte Psychoanalyse und Psychologie zumindest die positive Mission erfüllt, daß sie dem Partner, der Erklärungen braucht und bereit ist, sie anzunehmen, Hinweise auf das „Warum" eines bestimmten Verhaltens geben. Dieses Verhalten hängt möglicherweise nicht nur mit Erfahrungen der Vergangenheit zusammen – mit dem Herkommen des Partners, möglichen Konflikten und Ängsten –, sondern es steht in engster Beziehung zu dem anderen selbst. Es stellt eine Antwort auf dessen Persönlichkeit dar. Dieses Antwort-Verhalten erscheint dem einen unklar, er weiß häufig nicht, warum sich dem geliebten Partner gegenüber ein bestimmtes Verhalten immer wieder durchsetzt. Zum Beispiel: trifft man ihn nach längerer Trennung, wird er mit Verwöhnungen und Zärtlichkeiten überschüttet, plötzlich aber „hat man genug" und wendet sich ab. Oder: Man braucht umgekehrt lange Zeit, bis „man auftaut", sich öffnet, erschließt, zu erzählen beginnt. Dann ist der Partner schon „sauer". Der eine weiß nicht, daß er „Garantien", „Liebesbeweise" benötigt, bevor er sich öffnet, der andere versteht dieses Bedürfen nicht, hält es für Abweisung, für Provokation – und verschließt sich seinerseits.

In der Auseinandersetzung mit dem anderen, in der Frage nach dem Warum seines Verhaltens eröffnet sich jedoch die Perspektive auf das gemeinsame Gespräch, das z. B. auch fachkundig, von einem Therapeuten angeregt oder eingeleitet zu werden vermag oder zum Thema einer Gruppenbehandlung werden kann. Aus dem Gespräch wiederum erwächst die Chance, daß nicht nur das Verhalten des einen, sondern ebenso das des anderen Partners gemeinsam abgeklärt, durchgesprochen und erhellt wird. Die gemeinsame Abklärung sucht nach möglichen Beweggründen für ein bestimmtes Verhalten in der Liebesbeziehung, das zunehmend Konflikt und Spannungen provozierte, so daß die Verbindung bereits drohte, in eines der aufgezeigten Mißverhältnisse einzumünden. Es können Beweggründe für Hemmungen, Unsicherheiten, Ängste, aber auch für ein ausgeprägtes Geltungsstreben entdeckt werden. Nicht weniger für ein überspitztes Selbstbewußtsein, ein mangelndes Gerechtigkeitsempfinden, einen Unruhe verbreitenden Ehrgeiz, für Überanpassung, Unterwürfigkeit, für ein zunehmend interesseloses, durch das Leben Sich-treiben-Lassen. Das Auffinden der Beweggründe erleichtert es, den anderen verstehend anzunehmen, und sich die entscheidende Frage vorzulegen: Wie weit habe ich dieses Verhalten mitbedingt? Die gemeinsame Erörterung des Sich-so-und-so-Verhaltens ist jedoch nur als sinnvoll und „erfolgversprechend" anzusehen, wenn beide Partner um ihrer Gemeinsamkeit willen entschlossen sind, Auswege aus beginnenden Schwierigkeiten zu suchen.

Die Gefahr wiederum von Gesprächen dieser Art liegt in der Entwicklung eines laienhaften gegenseitigen Sich-Analysierens (s. o. „Diskussionen"). Die jeweiligen Ergebnisse einer solchen „Analyse" dienen nicht dem Lernprozeß und der Erweiterung von Kommunikation, sondern werden dann als Waffen benutzt, sich bei nächster Gelegenheit damit zu treffen und zu verletzen. „Da kommt wieder die unausstehliche Art Deiner Mutter zum Vorschein. Kannst Du nicht einmal mit diesem ewigen Nörgeln aufhören." Oder „Du bist genauso hartherzig und intolerant wie Dein Vater, das macht einem das Zusammenleben mit Dir und Deinen engstirnigen Maßstäben unmöglich".

Die Gegensätzlichkeiten und Einschränkungen der Kommunikationsweisen wie auch ihrer Ebenen (ihrem Inhalt) wird – wie ausgeführt – im Verlauf der Beziehung zunehmend sichtbar. Ihr Sichtbar-Werden ist wesentlicher Anteil der Wahrnehmung des anderen, der sich in bestimmter Weise darstellt. Es ist Anteil der

Wahrnehmung in dem Sinne, daß das Verhalten des anderen den eigenen Kommunikationsweisen, dem Bild, wie der andere und wie die Beziehung sein sollte, widerspricht.

Die Wahrnehmung des anderen wird zur Selbstwahrnehmung. Die gegensätzlichen Verhaltensweisen des anderen, die einem nicht passen, die einen ärgern oder verdrießen, geben einem Aufschluß über das eigene Verhalten: Warum z. B. einen diese Gewohnheit oder jene Art des Partners verstimmt und ärgert. Wahrnehmung des anderen als eines Du erfolgt über Selbstwahrnehmung, in der einem die eigenen Grenzen bewußt werden. Die eigenen Grenzen zeigen sich als Widerspruch zu dem anderen und seinem Verhalten.

Die zunehmende Selbstwahrnehmung ist der andere, maßgebliche Teil eines Gespräches mit dem Partner, der sich als ein aus bestimmten Gründen so ... und so... Gewordener zu erkennen gibt, sich entsprechend erschließt. Sich selbst erkennend provoziert er im anderen Selbstwahrnehmung, wenn er über vergangene Erlebnisse berichtet – über seine Schulzeit oder Geschwister. Der Zuhörende vergleicht eigene Erfahrungen mit denen des Partners, er grenzt diese ab, er findet Ähnlichkeiten. Er nimmt sich selbst über die Selbstwahrnehmung des anderen wahr.

Die Partner differenzieren sich als verschiedene, je-einmalige in ihren Gesprächen. Sie beginnen sich als verschiedene in Lebenserfahrungen, Herkommen, Interessen zu sehen und zu verstehen. Das in der Wahrnehmung des anderen sich entwickelnde Verstehen seiner Person als eines unabhängigen Du bedeutet, daß zunehmend Bezirke sichtbar werden, in denen der Partner auch schmerzhaft, verletzlich antwortet. Andere, in denen er sich entfaltet, entwickelt – Bezirke, die sich hier wie dort immer als Antwort auf das eigene Verhalten darstellen[1].

So hat z. B. Partner B die Eigentümlichkeit, zu allen gemeinsamen Unternehmungen entweder zu spät zu kommen – oder bei Beginn derselben auf sich erheblich warten zu lassen. Er mag damit seine Selbständigkeit dokumentieren wollen, aber vielleicht auch eine Angst vor Begegnung mit anderen Menschen, mit Bekannten verschleiern, denen er aus dem Wege gehen möchte. Eine Kontaktscheu ist möglicher Anlaß zu diesem Verhalten. Partner A, um diese Schwierigkeiten aus Gesprächen wissend, kann dieses Wissen entweder benutzen, B aus erzieherischen Gründen immer wieder in Situationen zu drängen, in denen er sich so verhält, wie A es

---

[1] Vgl. das schon genannte Buch von H. Stierlin, Das Tun des Einen ist das Tun des Anderen.

nicht möchte. Er würde damit A die Möglichkeiten zu Vorwürfen, zur Erzeugung von Schulderleben in B geben. Das wäre die beginnende Entwicklung eines „Teufelskreises". Kenntnis der Verletzlichkeit und der Schwäche gewisser Bezirke des Partners werden ausgenutzt, um diesen in das Unrecht, in die unterlegene Position zu versetzen.

A kann sich aber auch anders verhalten: Nicht nur, daß er mit Partner B über diese Schwierigkeiten spricht, sondern er kann sie als unabänderliche hinnehmen und sich entsprechend einrichten. Im Vorhinein wissend, daß er bei einem geplanten Kinobesuch noch mehr Zeit für die Vorbereitungen zu diesem veranschlagen muß, wie er sie sonst einkalkulieren würde. Dieses Verhalten A's wird von B möglicherweise wahrgenommen und positiv beantwortet. Er fühlt sich nicht mehr in diesem Bezirk „erzogen", verletzt, entblößt, gerichtet. Sondern er sieht in A einen Partner, der ihm über diese Schwierigkeit hinwegzuhelfen versucht. Anstatt eines „Teufelskreises" oder sich zunehmend entwickelnder Mißverhältnisse kann durch das Verhalten A's dem Partner B gegenüber Kommunikationserweiterung stattfinden, von der beide Partner profitieren. – Insbesondere wird sich herausstellen, daß B jetzt zunehmend diese Hemmnisse bewältigt. Dabei ist nicht allein das Gespräch ausschlaggebend, das zwischen den Beteiligten immer wieder über die Schwierigkeiten geführt wurde. Vielmehr ist es die die Schwierigkeiten wahrnehmende, sie akzeptierende Einstellung A's gegenüber B, die diese Situation löst.

Was aber hat A aus dem Verhalten B's für sich gelernt? Das zu seinem eigenen Verhalten gegensätzliche B's vermittelt ihm in seiner Selbstwahrnehmung zwei Möglichkeiten von Kommunikation: entweder die Schwäche B's auszunutzen, ihn in das Unrecht zu setzen, oder es anzunehmen und damit B zu helfen, diese Störung der Kommunikation zu verarbeiten. Das Verhalten B's erweckt in A Möglichkeiten, eigenes Verhalten wahrzunehmen, das ihm vorher unbekannt gewesen ist. Sie dienen ihm jetzt dazu, über Selbstwahrnehmung seine Kommunikationsmöglichkeiten zu erweitern.

Der Schritt vom Wahrnehmen dieser Zusammenhänge bis zu ihrem Verstehen, damit auch Verstehen des anderen, ist deshalb von erheblicher Bedeutung, weil Wahrnehmen und Verstehen als geistige Vorgänge die entscheidende Brücke von dem sinnlichen (leidenschaftlichen) Begehren des anderen zu dem in der Wahrnehmung noch sinnlichen, aber bereits (geistig) verstehenden Erfahren des anderen bilden. Wahrnehmen wendet sich stets an die Sinne, sie ist deshalb als sinnliche zu bezeichnen. Das spezifische Wahrnehmen des Verhaltens B's ist an Gesicht, Gehör, an Sprache und Motorik gebunden (Handeln). Es wird durch Vermittlung dieser Sinne dann möglicherweise verstanden. Wahrnehmen und (geistiges) Verstehen schlagen als „Gestaltkreis" die Brücke zum Verstehen des anderen in einem Akt spiritueller, aber liebevoller Zuwendung. Das Verstehen des anderen – stets im wechselseitigen Sinne der Partnerbeziehung gemeint – wäre nicht möglich, wenn ich mich nicht dem Partner zuwendete, zuneigte, wenn das Verstehen von Zusammenhängen (wie schon viele namhafte Autoren aufgezeigt haben) nicht ein Akt geistiger Zuwendung/Zuneigung, d. h. der Liebe wäre. Im Wahrnehmen des anderen als einer in bestimmter Weise gegensätzlich zu mir sich verhaltenden Person schwingt die Erlebnisfülle sinnlicher Wahrnehmung mit. Im Verstehen wird diese Erlebnisfülle überschritten und der andere, als in Grenzen zu verstehender, erscheint in seiner ganzen Widersprüchlichkeit.

Ein weiteres Zwischenglied zwischen dem sinnlichen Wahrnehmen und dem Verstehen als verschiedenen Kommunikationsweisen stellt das Einfühlen dar. Das Einfühlen erfaßt im Verhalten des anderen, in seiner Gestik, Sprache, in seinem Gesichtsausdruck, in seinem Lachen, Seufzen oder Stöhnen dessen Stimmung. Es erfühlt das Überwiegen entweder sympathetischer oder antipathischer Regungen und Aufwallungen, das Auftauchen wechselnder Launen, Bedürfnisse oder „Triebe" im anderen.

Einfühlen zeigt sich z. B. dann, wenn ein Partner von der Arbeit ermüdet und erschöpft nach Hause kommt und der andere ihn nicht sofort mit Berichten über den jüngsten Klatsch von Nachbarn überfällt oder von den Banalitäten eines mißglückten Einkaufsbummels schwatzt. Vielmehr sich in die Abspannung des Heimkehrenden einfühlend, sollte ihm vermittelt werden, daß seine Rückkehr freudig erlebt wird, daß er hier „emotionale Wärme" und Anteilnahme vorfindet, die ihn aber sich selbst erst einmal ganz überläßt, bis er das Bedürfnis zu Mitteilung und Aussprache von selbst zeigt. Einfühlung heißt z. B. auch: wenn der andere nach der Zigarette greifen will, ihm diese schon vorher anzubieten. Es heißt zu fühlen, wie ihm bei einer schlechten Nachricht zumute ist und sich nicht durch ganz „danebengehende" Meinungskundgaben als jemand zu zeigen, der keine Ahnung von den inneren Vorgängen des anderen hat.

In Wahrnehmen, Verstehen, Einfühlen kann und sollte – falls die Partner zum Lernen entschlossen sind – der andere als anderer nicht nur zunehmend erkundet und erschlossen werden. Sondern er wird als ein ganz bestimmtes, „psychisches" Wesen entdeckt, als „Du". Es wird entdeckt, daß der andere ein Innenleben hat, vergleichbar dem eigenen, eine Vorgeschichte von Enttäuschungen und auch Beglückungen. Er hat seine Stimmungen, seine Verletzlichkeiten, seine „Allergie" gegen ... und „Schwäche" für ... Er fluktuiert in seinen Befindlichkeiten wie man selbst – nur in anderen Rhythmen, zu anderen Stunden und zu anderen Tagen. Was er heute sagt, muß nicht unbedingt verbindlich sein, weil es aus einer bestimmten Befindlichkeit gesagt wurde. Seine soeben geäußerte Meinung ist situativ zu verstehen. Sie spiegelt jedoch nicht seine eigentliche Überzeugung wider. Hier scherzt er, „nimmt einen auf den Arm", dort ist er wiederum echt besorgt und fürsorglich.

Das Wahrnehmen des anderen, seiner Widersprüchlichkeiten, sich in ihn hinein zu versetzen und über Einfühlung zu verstehen, erweist sich – dem Grad der jeweiligen Persönlichkeitsdifferenzierung entsprechend – als unerschöpflich. Der andere zeigt sich immer wieder von neuen Seiten, allerdings nur in dem Maße, in dem der ihn sehende, verstehende Partner ebenfalls neu auf ihn zu antworten weiß. Für das Entdecken neuer Perspektiven im anderen, neuer Eigenschaften und z. B. kreativer Möglichkeiten ist mein Verhalten maßgeblich, das all dies im anderen anregt und erweckt, so daß er es überhaupt zeigen kann: „Ich wußte nicht, daß Du technisch so geschickt bist und diese Leitung selber repariert hast." „Hast Du schon immer gemalt? Da ist ja noch eine ganze Mappe!" „Du hast Dich früher nicht dafür interessiert, da wollte ich es Dir nicht zeigen." Das sind nur zwei alltägliche Beispiele, in denen das Entdecken und das Fragen nach dem anderen wechselseitige Vorgänge sind.

Der hier sich abzeichnende Lernprozeß im Sinne eines zunehmenden Sich-Kennen-Lernens, durch den sich die Partner in ihren Möglichkeiten, miteinander zu kommunizieren, aber auch in ihren Grenzen und Schwächen, in ihren „Neurotizismen", erfahren, hat zwei Ziele als hauptsächliche „Lernerfolge" im Auge: den anderen (erstens) als einen von einem selbst Unterschiedenen wahr- und anzunehmen und (zweitens) ihm wie auch sich selbst die Geduld, d. h. die Zeit zu lassen, dieses Annehmen zu erlernen. Im Wahrnehmen des anderen, im Einfühlen und Verstehen verlagert sich die Kommunikation von der sinnlich-leibhaften Ebene zu der emotiven und der geistigen. Im ständigen Durchlaufen dieser Kommunikationsebenen vermag der andere als der angenommen zu werden, der er faktisch ist. Dazu trägt nicht unwesentlich bei, den anderen auch in seinen unausgelebten Möglichkeiten, d. h. ihn in seinen idealen Entwürfen zu sehen. Denn die Wahrnehmung dieser idealen Möglichkeiten hilft, die Wirklichkeit seiner sich in bestimmter Weise äußernder Person anzunehmen.

Die häufig schon erhobene Forderung nach der Annahme des anderen ist bestenfalls als letztmögliches Lernziel zu postulieren, gehört sie doch zu dem schwerst Erlernbaren. Annehmen des anderen erfordert weitgehende Zurücknahme der eigenen Macht und Geltungsansprüche, der eigenen Person in ihrem Sich-Darstellen und Sich-Mitteilen. Annehmen bedeutet Verzicht, den anderen nach dem eigenen Bild zu prägen, statt dessen die Geduld, den anderen „kommen zu lassen", daß er sich zeigt und sich darstellt. Es impliziert größtmögliche Toleranz seiner Person gegenüber, Toleranz gegenüber ihren vielen alltäglichen Gewohnheiten: wie er den Zucker in die Tasse schüttet, was er hier am Telefon zu N. N. sagt, den er ablehnt, aber am Telefon „schön tut" – wie er sich zu Hause ängstlich verbirgt, dort in einer Versammlung das große Wort ergreift usf.

Zur Toleranz zählt nicht nur, die Schwächen des anderen wahrzunehmen, sondern ebenso, sie letztlich auch zu billigen. Ethische und moralische Vorstellungen stehen dieser Toleranz häufig im Wege. (Waren es früher vor allem religiös-kirchliche Normen, die das Tolerieren, darum das Billigen von Schwächen – bei aller Betonung der christlichen Liebe – erschwerten, so bewegen sich heute analoge Diskussionen um „bürgerliche" Gewohnheiten gegen „proletarische". Wenn letztere als spezifische Gewohnheiten auch wenig überzeugend vertreten werden.)

Für die Toleranz ist wesentlich, daß in allen aufklaffenden persönlichen, weltanschaulichen religiösen, ideologischen Gegensätzen die Zuneigung zu dem anderen sich als die entscheidende Einstellung durchsetzt, daß er z. B. trotz einer gegensätzlichen Weltanschauung als Mensch akzeptiert und toleriert wird. Die Gefahr des toleranten Annehmens des anderen, liegt in der Möglichkeit einer sich zunehmend ergebenden Indifferenz und Gleichgültigkeit ihm gegenüber. Die Toleranz ist von der Gleichgültigkeit oft nur „einen Finger breit" entfernt. Im Wesen der leidenschaftlichen Zuneigung liegt es, im anderen sich selbst zu finden. Das aber umschließt Intoleranz. Wehe, wenn er plötzlich ein anderer ist – er wird nicht mehr geduldet. Leidenschaft und Toleranz schließen sich weitgehend aus. Führt jedoch das Verstehen des anderen über Wahrnehmen und Einfühlen zu seiner Toleranz, verbrämt diese Toleranz nicht bloße Gleichgültigkeit, dann zeigt sich, daß im Wahrnehmen des anderen Wahrnehmung sich nur ereignen kann, weil der Wahrnehmende im Aufnehmen des Wahrgenommenen selbst zurücktritt. (Das ist schon der Fall im einfachsten

Wahrnehmungsakt alltäglicher Provenienz: einen Schreibtisch zu sehen, ein Schaufenster, einen bewölkten Himmel zu beobachten; sie verlangen das Zurücknehmen der eigenen Person.) Wahrnehmen setzt ein Sich-selbst-Zurück-Nehmen voraus, ein Zurück-Treten, um das Wahr-Genommene auf- und an-zunehmen. Wahrnehmen umschließt in dieser Beziehung einen Verzicht. Es umschließt den Verzicht, sich einmal nicht in den Mittelpunkt zu stellen, sondern das andere, den anderen, das Wahrzunehmende auf sich zukommen zu lassen.

Aus dem Wahrnehmungsakt, der die Voraussetzung für das ebenfalls Sich-selbst-zurück-Nehmen des Einfühlens und Verstehens ist, vermag sich die oben erstmalig erwähnte Geduld zu entwickeln. Geduld, das Wahrgenommene – den anderen – sich darstellen, sich zeigen, sich entfalten zu lassen. Dann erst vermittelt der andere (der Partner) sich in seinen kommunikativen Möglichkeiten und Grenzen, in seinen Konflikten und Widersprüchen.

Der Verzicht auf das eigene Sich-in-den-Vordergrund-Stellen umschließt als Grundhaltung die Geduld. Diese wurzelt letztlich im Gefühl, daß der andere sich entwickeln und entfalten, daß er „kommen" wird.

Die Geduld – von der Shakespeare sagt, daß sie die größte Leidenschaft sei – erweist in der Liebesbeziehung, wie ernst es dem einen um die Zuneigung des anderen ist, wie tief und leidenschaftlich das Ergriffen-Werden war. In dem Maße, in dem in der Wahrnehmung des anderen die Geduld zu einer Grundeinstellung in der Liebesbeziehung wird, darf eine entscheidende Umwandlung der ursprünglich sinnlich-begehrenden Leidenschaft in die Leidenschaft der Geduld „zu" dem anderen festgestellt werden. Diese läßt den anderen aus der Kraft geduldiger Zuneigung „aus sich selbst heraustreten" und eröffnet ihm dadurch Möglichkeiten, zu sich selbst zu kommen, sich zu verwirklichen.

Die Geduld und die Einstellung, „den anderen zu sehen", verlangen stets eine gewisse Kontrolle der eigenen Spontaneität, des Sich-gehen-Lassens in Affekten, in Launen, in Befindlichkeiten oder in unkontrollierten Einfällen. In diesen lebt das Bedürfen nach Kommunikation sich auf der elementaren Ebene einfachen Sich-Mitteilens aus. Die Spontaneität verfolgt die Tendenz, den anderen durch eigene Mitteilungen zu überschütten, zu überwältigen, so daß dieser in der Auseinandersetzung mit dem Mitgeteilten selber „zu kurz kommt". Der Partner vermag sich nicht als Wahrzunehmender darzustellen, sondern er muß sich überwiegend und ausschließlich auf das antwortende Stellungnehmen beschränken.

Zahlreiche Liebesbeziehungen entwickeln nach kurzer Zeit den Charakter, daß der eine Partner – auch von erheblicher Herrschsucht bewegt – ständig Mitteilungen hervorsprudelt, der andere dagegen ruhiger und stiller wird. In diesm Sich-zurück-Ziehen des einen wird der andere als Sich-Mitteilender kaum noch wahrgenommen. Der Rückzug ist ein Abwehrvorgang gegen das Überwältigt-Werden durch das Mitteilungsbedürfnis der Partners.

Diese Entwicklung entspricht nicht dem Lernprozeß, in dem beide Partner sich zurücknehmen lernen, um den anderen jeweils sich zeigen und sich mitteilen zu lassen. Liegt die Zurücknahme und bewußte Begrenzung des eigenen Kommunikationsbedürfens nur bei dem einen Partner, wird sie von dem anderen nicht ausreichend wahrgenommen, entwickelt sich in der Regel einer der als Teufelskreis bezeichneten Mißverhältnisse. Denn das Sich-Zurücknehmen wird als Schwäche aufgefaßt, der Sich-Zurücknehmende für diese Schwäche „bestraft". Seine „Stärke" soll z. B. provoziert werden oder das Sich-Zurücknehmen wird als Liebesmangel erlebt. Wahrnehmen des anderen, Geduld und die Möglichkeit, sich auch vorübergehend in seinem eigenen Kommunikationsbedürfnis zurückzuhalten, ist ein wechselseitig einzuübendes Lernen. Es vermag dann zur stetigen Entwicklung und Ausdifferenzierung der Beziehung zu führen. In der Fähigkeit, im Wahrnehmen des anderen selbst zurückzutreten, wird die in jeder Kommunikation verborgen liegende „Nichtung", das Einschränken und In-Frage-Stellen des anderen, auf die eigene Person bezogen, sichtbar.

Ich lasse den anderen auf mich wirken, ich sehe ihn als einen sich von verschiedensten Seiten darstellenden, sich auslebenden Menschen – und nehme mich in diesem Wahrnehmungsakt zurück. Das heißt, ich schränke mich ein, indem ich mich selbst in Frage stelle, mich zu einem gewissen Grad „nichte". Damit antizipiere ich Kommunikation als potentielle Nichtung, jetzt nicht des anderen, sondern meiner selbst, aber zugunsten des Partners. Dieser Prozeß – daran sei noch einmal ausdrücklich erinnert – ist sinnvoll nur als bipersonal-komplementär sich ergänzender. Einseitig impliziert er bereits ein Mißverhältnis und mündet unweigerlich in einen der „Teufelskreise".

Im Lernprozeß – so sei zusammengefaßt – sollte der andere jeweils gegenseitig/bipersonal wahrgenommen, erfühlt und verstanden werden. Dies führt zu Toleranz und Geduld, zur „echten" Annahme des anderen. Das wahrnehmende-einfühlende, verstehende Erfahren des anderen als gegenseitiger Vorgang umschließt stets einen gewissen Verzicht auf Selbstdarstellung. Es ist der Wechsel des gegenseitigen Sich-Zeigens und Sich-Zurücknehmens, der die Lebendigkeit der Beziehung als einen Ur-Rhythmus begründet.

*b) Der handelnde Umgang mit dem Partner (Von der Ein-sicht zur Um-sicht)*

Im gegenseitigen Sich-Wahrnehmen und seiner Fluktuation von Geduld und Sich-Darstellen bleiben die Partner nicht in passiver Kontemplation des anderen befangen. Da sie sich gegenseitig darstellen, handeln sie stets in wechselseitiger Beziehung. Was aber kommt im Handeln zum Ausdruck, wenn die Partner im Begriff stehen, sich in der geschilderten Weise anzunehmen? Gelingt es mir, den anderen in der Vielfältigkeit und Vieldeutigkeit seiner Person zu sehen, dann entwickle ich eine Sicht von ihm, die meine Einstellung und mein Handeln ihm gegenüber maßgeblich prägen und beeinflussen.

„Ich verstehe, warum er neulich in Gegenwart von X. Y. nicht die Wahrheit sagte, obwohl es mich getroffen hat. Aber aus meiner Sicht seiner Person versuche ich es anzunehmen, nachdem wir darüber gesprochen haben." „Als seine/ihre Mutter zu Besuch war, fühlte ich im voraus, daß er/sie explodieren würde, sobald das Gespräch wieder auf die Lebensweise der jüngeren Schwester kam." (Einfühlendes Vorwegnehmen einer möglichen Reaktion.) „Meine Sicht seiner/ihrer Konflikte mit der jüngeren Schwester ließen mich seine Antwort bei nachfolgender Diskussion des Themas schon vorwegnehmen." „Als wir neulich intim zusammen waren, wurde mir klar, daß er/sie in seiner derzeitigen Verfassung keinen Höhepunkt erreichen würde. Ich versuchte ihm/ihr zuzureden, daß wir lieber aufhören sollten."

Die Sicht auf den anderen wird zur Ein-Sicht in dessen Person, wie diese alltäglichen Beispiele zeigten. Sie kann zu einem Handeln führen, das sich durch Um-Sicht, Rück-Sicht, Vor-Sicht und Nach-Sicht auszeichnet. Diese „Sichten" auf den anderen bedeuten keineswegs, daß die Partner „auf Katzenpfoten umeinander herumschleichen". Vielmehr heißt es, daß im gemeinsamen, handelnden Umgang Behutsamkeit waltet, die eben aus der Ein-Sicht in die Person des anderen stammt. Ein-Sicht in die jeweilige Verletzlichkeit und Verwundbarkeit des anderen, Ein-Sicht aber auch in die Unverletzlichkeit, Unverwundbarkeit des anderen, wie sie jedenfalls in einer Liebesbeziehung verwirklicht sein sollten. Behutsamkeit aus Ein-Sicht schließt nicht aus, daß aus der Fluktuation des seelischen Erlebens sich hier Launen ausleben, dort „mit der Faust auf den Tisch geschlagen wird", so lange beide Partner wissen, daß es nur Launen oder Affekte, aber keine grundsätzlichen Absichten sind, z. B. um eine Trennung zu provozieren. Die Behutsamkeit wird in diesem Fall vielmehr aufgerufen, den anderen sich austoben zu lassen, damit er um so rascher wieder zu sich zurückfindet. Die Behutsamkeit im Umgang mit dem anderen vermag diesen davor zu bewahren, sich von Affekten hinreißen zu lassen und nachher gemeinsam „vor einem Scherbenhaufen" zu stehen.

In der Rück-Sicht blicke ich auf Mitteilungen, Eröffnungen des Partners, die ihn selbst betreffen, zurück. Ich versuche mich entsprechend auf sie einzustellen, indem ich mich an sie erinnere, mein Handeln ihnen anpasse. In der Rücksicht wird der andere in seiner Zerbrechlichkeit, Zartheit, Hilfsbedürftigkeit wahrgenommen, die oft hinter hochgespielter Männlichkeit oder emanzipiertem Frauentum steht. Er ist als Hilfsbedürftig-Zerbrechlicher dem anderen gegenwärtig.

„N. N. klagte heute über Kopfweh, Übelkeit, so daß ein erwünschtes intimes Mit-einander-Sein zurücktreten mußte." „Er/ Sie sorgte sich um die neue Anstellung, so daß ich sie/ihn – obwohl selber skeptisch – nicht in diesem Punkt verunsichern wollte, sondern sie/ihn ‚moralisch' stützte und ihm/ihr Mut machte." „Er kann X. Y. nicht leiden, also werde ich X. Y. lieber alleine aufsuchen." „Die Erinnerung an bestimmte Vorkommnisse in Z. vor 3 Jahren sind ihm höchst unangenehm. Folglich werde ich sie nicht berühren." „Einsicht in seine/ihre latente Konfliktsituation sollte mich veranlassen, diese durch mein Verhalten nicht zu provozieren, d. h. aus der Ein-Sicht in die Konflikte Rück-Sicht walten zu lassen."

„Falsche Rücksichtnahme" impliziert Ausweichen vor kritisch-peinlichen Punkten, Verbrämen von Schwächen, Bündnis mit Rechtfertigungen und Rationalisierungen, die der behutsam Rück-Sicht-Nehmende keineswegs akzeptieren muß. Aber die Rücksichtnahme weiß den richtigen Zeitpunkt für Gespräche zu finden, die „heikelste" Probleme angehen, z. B. eine eingetretene Frigidität oder Impotenz, einen Vertrauensbruch, ein „feiges Zurückweichen vor" usf. Sie ist weit entfernt davon, sich wie der berühmte „Elefant im Porzellanladen" zu benehmen.

Erwächst aus der Ein-Sicht in den anderen Rück-Sicht auf diesen im Handeln, die sich die Mitteilungen zunutze macht, vermittels derer er sich erschloß, so ist die Vor-Sicht eine ebenfalls aus Ein-Sicht gewachsenen Weise des Umgangs mit dem Partner. Die Vor-sicht nimmt dessen mögliches-zukünftiges Verhalten (Handeln) vorweg.

Lasse ich Vor-Sicht walten, wird sich mir der Partner zunehmend vertrauend erschließen, da er weiß, daß ich ihn z. B. nicht mit allgemeinen Urteilen kategorisiere und abkanzle. Zu solchen Urteilen gehört z. B. dieses: „Der A ist ein richtiger Zwangscharakter, alles was er macht, macht er zwar gründlich, aber viel zu langsam." Oder: „Die L. ist reizend, aber so infantil, so unerträglich, immer will sie ihren eigenen Kopf durchsetzen." Alltägliche Urteile, die, werden sie in dieser Weise dem Partner vermittelt, nicht unbedingt die Vertrauensbasis erweitern. „Na, Du bist mir ja einer, warum kommst Du jetzt erst mit der Sprache heraus", ist ein häufig gebrauchter Satz der demjenigen, dem er gilt, zukünftige Mitteilungen nicht erleichtern wird. Die gängige psychoanalytisch-psychologische „Abkanzlung" des anderen zählt zu den bereits erwähnten Waffen, mit denen die Partner – weder mit Vor-Sicht noch mit Rück-Sicht – sich gegenseitig verletzen und zugrunde richten.

Vor-Sicht umschließt Klugheit, wie sie die Ein-Sicht in den Partner in der oben geschilderten Weise mit sich bringen sollte: Vor-Sicht in Bezug auf „feststellende" Meinungen über Personen, Dinge, beliebige Zusammenhänge, Vor-Sicht aber auch der Zukunft gegenüber. Nicht etwa im Sinne des ständigen Besorgt-Seins um die Ungewißheit derselben, sondern im Entwerfen von scheinbar feststehenden Projekten, unverbrüchlichen Planungen, die, wie bekannt, ein „Windstoß" über den Haufen zu werfen vermag. Vor-Sicht umschließt Vor-Sicht im leibhaften Umgang, bei dem sich die Partner gegenseitig vor-sehen, die Vermittlung z. B. des sinnlichen Glückserlebens nicht zu einem einseitigen, nur einen Partner erfüllenden oder gar zur Gewohnheit werden zu lassen.

Vor-Sicht und Rück-Sicht vereinen sich in der Um-Sicht. Diese ist das Gegenteil einseitig-engstirniger Kommunikation, in der die Partner sich auf leibhafte Kommunikation oder ausschließliche ideologische Diskussionen oder nur auf Erörterung beruflicher Leistungsthematik festlegen. Vielmehr umschließt sie wechselweise die Sicht des Partners „von allen ihren Seiten" (umherum). In der Um-Sicht wird die faktische Kommunikation in ihren verschiedenen Weisen (Modi) sichtbar: Wie kann ich mit dem Partner leibhaft-seelisch umgehen, daß ich ihn und er mich beglückt und bestätigt? Wie seine Gestimmtheiten und Schwankungen wahrnehmen, auf diese Rücksicht nehmen, ohne mich jedoch von seinen „guten" oder „schlechten" Launen abhängig zu machen? Sehe ich seine Meinungen, Interessen, Überzeugungen auch von allen Seiten? Werde ich ihm gerecht? Wie kann ich geistig über verschiedene Interessengebiete, wie beruflich bei unterschiedlichen Tätigkeiten mit ihm kommunizieren, wie kann ich diese Kommunikation differenzieren und lebendig erhalten? Sich in dieser Weise gegenseitig befragend, wird Um-Sicht über Rück-Sicht (Vergangenheit) und Vor-Sicht (Zukunft) eingeübt und gelernt.

Dann kann aus der Um-Sicht auch Nach-Sicht mit dem anderen entstehen: Toleranz und Geduld (s. o.). Aus Nach-Sicht darf der andere allerdings nicht wie ein „Pflegefall" oder „Patient", wie eine kleinere Schwester, ein kleiner Bruder oder gar ein Kindergartenzögling behandelt werden. Nach-Sicht muß vielmehr seine Widersprüchlichkeiten und Gebrochenheiten großzügig übersehen, ihm z. B. nach-sehen, daß er sich noch immer nicht getraut, sich an das Steuer zu setzen; daß ihre Haushaltsführung „genial", aber höchst ungenau, vom Zufall abhängig ist; daß er sich morgens schon beim Frühstück auf die Zeitung stürzt, anstatt sich mit „ihr" zu befassen; daß er nie pünktlich sein kann. Nach-Sicht zeigt sich in der Nach-Sicht an kleinsten Einzelheiten des Alltags.

Aber die aus der Ein-Sicht gewonnene Um-Sicht verlangt Nach-Sicht auch in entscheidenderen Bezirken, in denen der andere – trotz wiederholten Bemühens – versagt: „Daß er immer wieder vor seinem Chef in die Knie geht und sich ausnutzen läßt"; „daß sie, ohne wenigstens dreimal täglich mit ihrer Mutter zu telefonieren, nicht existieren kann"; daß „er mich liebt, aber es nicht zeigen kann"; daß „sie jeden Tag mindestens 50 Mal hören muß, daß ich sie noch liebe"; „daß ich ihm nicht jede Angst vor mir nehmen kann"; „daß sie mich, wenn wir uns abends umarmen wollen, mit ihren Vorbereitungen eine halbe Stunde warten läßt, bis ich vor Müdigkeit eingeschlafen bin".

In diesen alltäglichen Verhaltensweisen zeigen sich bereits grundlegende Probleme, die zu ernsthaften Mißverhältnissen führen können und deshalb gegenseitiges Nach-Sehen (Nach-Sicht) verlangen. Nach-Sicht im Gefolge von Ein-Sicht ist besonders befähigt, die Entwicklung von Mißverhältnissen („Teufelskreisen") aufzuhalten und zu entschärfen. Sie ist ein entscheidender Beweis dafür, daß es die Partner ernst meinen; daß sie – stets wechselseitig – aus ihrem Ergriffen-Werden über die Ein-Sicht zu Rück-Sicht, Vor-Sicht, Nach-Sicht und endlich zur umfassenden Um-Sicht im handelnden Umgang gelangt sind.

## c) Metamorphosen (Zärtlichkeit, Innigkeit, Dauer)

Das ekstatisch-rauschhafte, insbesondere orgasmisch-sinnlich ge-
färbte Liebeserleben vermag diesen Charakter oft über Jahre bei-
behalten, bei sonst darniederliegenden, eingeschränkten, undiffe-
renzierten anderen Kommunikationsweisen der Partner. Das sinnliche Erleben weist sich in diesen Fällen als entscheidendes Binde-
glied der Beziehung aus, es kompensiert die offensichtlichen Män-
gel derselben. In anderen Verbindungen wiederum tritt es in seiner
beglückenden, die Beziehung immer wieder regenerierenden, die
Partner einenden Bedeutung zurück. Es wird zum Bestandteil
alltäglicher Gewöhnung, die die Partner zwar bindet, ohne sie
jedoch im Erleben der ekstatischen Entrückung wieder zu lösen.
In diesen letzten Fällen, die immer wieder häufig Anlaß zu Klagen und zu Problemen, insbesondere auch zur begreiflichen Ver-
achtung der Monogamie führen, gelingt es den Partnern nicht
(oder nur begrenzt), die Möglichkeiten gegenseitiger sinnlich-be-
jahender, leibhafter Kommunikation in die Alltäglichkeit der Existenz mit einzubeziehen. Die Alltäglichkeit „erstickt" vielmehr die
sinnlich-erotische Beziehung. Diese hat nicht genügend Wider-
standskraft, der ständigen alltäglichen Nähe des anderen sich
gewachsen zu zeigen. Nähe wird zum Überdruß.
Vorkommnisse dieser Art im Auge behaltend, sollen jetzt Möglichkeiten der Verwandlung des sinnlich-erotischen Erlebens aufgezeigt werden, die das sinnliche Erleben erneuern und verjüngen.
Aus der Traumhaftigkeit der sich bestätigenden, ersten Annäherung kann sich zunehmend gegenseitige Zärtlichkeit entwickeln.
Das heißt nicht, daß die Zärtlichkeit einer behutsamen Gebärde,
eines liebevollen Blickes, eines Sich-Streichelns und Liebkosens in
der ersten sinnlichen Annäherung, als die Partner sich kennen
lernten, nicht wirksam gewesen wäre. Auch das sog. Petting darf
als eine Weise intensiv-sinnlicher Zärtlichkeit angesehen werden.
Die in der Nähe des Zusammenlebens zunehmend sich entziehende
Traumhaftigkeit der ersten Begegnung wird durch das zärtliche
Mit-einander-Umgehen wieder erweckt. Denn die Zärtlichkeit ist
wie keine andere Ausdruckshandlung des Menschen geeignet, die
Unwirklichkeit einer Zuneigung zu vermitteln[1].
Sie läßt dem Partner nicht nur das Gefühl der Zuneigung in
behutsamster Weise zukommen. Sie vermittelt es ihm vielmehr
derart, daß der Zärtlichkeit Empfangende die Wundersamkeit des
ganz und gar Ungewöhnlichen dieses Umgangs wie einen unwirk-

S. auch H. Kunz, Die Aggressivität und die Zärtlichkeit, Bern 1945.

lichen Traum erlebt. In diesem Traum macht ihn der Zärtlichkeit Spendende zum „Anteil" seines Traumes. Im zärtlichen Umgang schwingen Geborgenheit, „emotionale Wärme" und Fürsorglichkeit mit, die aber nicht das Wesentliche des Geschehens ausmachen. Dieses läßt vielmehr den Zärtlichkeit Nehmenden (Empfangenden) zu einem zarten, zerbrechlichen, transparenten Geschöpf werden, das ihm die Unwirklichkeit eines Traumbildes verleiht. Die zärtliche Gebärde entbindet den Partner der alltäglichen Wirklichkeit und verwandelt ihn in ein Traumbild.

Der Zärtlichkeit Gebende spürt im vor-sichtigen Berühren, Anrühren und Streicheln des Partners, in der Kommunikation über das verschwiegen-innige, dunkle Getast der streichelnden Berührung sich selbst als Spender von Zärtlichkeit – als zart. Unter der Verwandlung der anrührenden Hände wird er, der Zärtlichkeit Gebende, selber zart, wie er den Zartheit Empfangenden zart werden läßt. Beiden öffnen sich in der Zärtlichkeit wieder die Tore traumhafter Verzauberungen und Entrückung.

Zärtlichkeit vermag darüber hinaus zu einer Grundeinstellung dem anderen gegenüber zu werden. Sie verleiht diesem – stets gegenseitig gemeint – den Charakter jederzeit möglicher Entrückung in eine traumhafte Anwesenheit. Das spricht sich im zärtlichen Blick aus, in der zärtlich verschwiegenen Geste, in der zärtlichen Fürsorge um den anderen, der durch die Zartheit des Umgangs eine subtile Spiritualisierung erfährt. Es spricht sich in Kosenamen und Zärtlichkeit ausdrückenden Worten aus.

Ebenso wie sich aus der Traumhaftigkeit die Zärtlichkeit zu einer Grundeinstellung der Verbindung zu entwickeln vermag, so auch aus der Verzauberung und Verzückung die Innigkeit der Zuneigung. In der Innigkeit einer Zuneigung wird der andere aus der (tiefen) Dimension des Fühlens, des „Gemütes" angenommen. Diese Dimension vermittelt dem Fühlen selbst die Weise des (unbedingten) Vertraut-Seins und Sich-Anvertrauens. Das Vertrauen umschließt jedoch stets die Einsicht (s. o.) in den anderen und die aus dieser erfolgenden Um-Sicht. D. h. das Vertrauen entspricht nicht der Phase der Beziehung, in der spontanes, gegenseitiges Mitteilungsbedürfnis hemmungslos hervorsprudelt. Sie entspricht jener, in der der andere durch die Innigkeit der Zuneigung zu einem Vertrauten geworden ist, der in der Ein-Sicht sich erschloß. Diesem Vertrauten sich anzuvertrauen umschließt Um-Sicht, Nach-Sicht, Vor-Sicht und Rück-Sicht.

In der Innerlichkeit ist der andere ganz in der Tiefe des eigenen Fühlens aufgenommen. Seine Nähe, die sonst immer wieder in

Gleichgültigkeit umzuschlagen drohte, ist in dieser Verinnerlichung in einer Weise erfüllt, daß die bloße Anwesenheit des anderen im eigenen Innern liebevolle Bestätigung, Abschirmung und Befriedung umschließt. Hier zeigt sich der Weg auf, die wiederholt aufgewiesene Grundproblematik von Nähe und Distanz zu lösen, da in der Innigkeit des Fühlens die Nähe ihrer die Zuneigung immer wieder herabmindernden, sie einschränkenden „Nichtung" beraubt ist. In der Innigkeit ist die verhängnisvolle Gegensätzlichkeit von Nähe und Distanz in der liebevoll behüteten, jedoch ausschließlich inneren Anwesenheit des anderen aufgehoben. Die Innigkeit verwandelt den anderen zu einer „Köstlichkeit", zu einem „Schatz", jedoch nicht im materiell-ökonomischen Sinne, sondern im Sinne eben der Anwesenheit eines „Glücks" ausstrahlenden Bildes, das aus dieser Ausstrahlung die Welt immer wieder verzaubert und verzückt. Dieses Bild umschließt den anderen in seinen idealen Möglichkeiten, der durch die Innigkeit der Zuneigung erst in diesen seinen Möglichkeiten erschaut und erlebt wird. (Ideale Möglichkeiten: Was er hätte werden oder sein können, jenseits der Faktizität seiner Verwirklichung.)

Innigkeit bedeutet ferner, den anderen stets als einen anderen zärtlich-behutsam aufzunehmen und in sich zu bergen, so wie z. B. ein besonders intimes Gefühl oder Erleben schamhaft vor der Außenwelt verborgen wird. Der Moment des „Besitzens", der in Liebesbeziehungen häufigen Anlaß zu erheblichen Mißverhältnissen gibt, wird in der Innigkeit zu der Möglichkeit, den anderen in seiner ganzen Andersartigkeit aufzunehmen. Seiner als ein „Du" inne zu sein, seine „Andersartigkeit" umsichtig, behutsam und zärtlich zu lieben. In der Innigkeit ist der andere als anderer abgeschirmt. Vertrautheit, Entrückung und Versunkensein umschließen das Du in der Stimmung, mit der vergleichsweise das Kind einen kleinen Vogel streichelt, den es behutsam-vorsichtig in der Hand hält. Die Innigkeit verweist mit diesem Bild auch auf ihren sinnlichen Aspekt, der ebenso wie in der Zärtlichkeit zu dem erfüllenden, leibhaften Umgang mit dem anderen gehört.

Die Innigkeit zeigt sich z. B. in der Art und Weise, wie der andere begrüßt oder verabschiedet wird oder wie mit seinen Dingen umgegangen wird: von Kleidern und Anzügen bis zu Schreibheften oder Kugelstiften. Diese rufen dem Liebenden stets die Gegenwart des anderen zurück, nicht als „Fetische", sondern als Teile, die in der Innigkeit des Umgangs das Bild des Geliebten immer wieder erwecken.

(Der im Mittelalter, besonders im Minnesang wie in der religiösen Kunst beheimatete Begriff der Innigkeit ist im Verlauf der Neuzeit als wesentlicher Anteil der Liebesbeziehung weitgehend verschüttet worden.)

In der Innigkeit der Zuneigung ist der andere als anderer in mir selbst anwesend und angenommen. Die Verzauberung und Verzückung des sinnlichen Sich-Findens entheben in der Innigkeit der fühlenden Zuneigung – dem Goldgrund mittelalterlicher Bilder vergleichbar – den Alltag seiner tödlich-nichtenden Macht. Die Innigkeit vermag den Alltag kraft ihrer Zuneigung zum anderen verklären. In der Innigkeit erwacht die Liebe zu ihrer eigensten Möglichkeit: den anderen als anderen, sich ihm liebend-zuneigend, in sich zu bewahren. In inniger Kommunikation wird die Ebene erreicht, in der es keine gegenseitige Nichtung, keine Angst vor Verlust des anderen oder Nachlassen der Zuneigung mehr gibt. Sie vermag zu einer Grundeinstellung dem anderen gegenüber zu werden, die in der Tiefe des Fühlens beheimatet ist.

Verklärung und Entrückung des sinnlich-leibhaften Liebeserlebens finden sich endlich im Erleben der Dauerhaftigkeit der Beziehung verwandelt wieder. Dieses Erleben scheint u. a. von zahllosen alltäglichen Gewohnheiten getragen zu werden, wie sie häufig bei älteren Ehepaaren zu beobachten sind. Die Gewohnheiten allein reichen jedoch nicht zur Begründung eines spezifischen Erlebens von „Dauer" aus. Dieses verlangt vielmehr eine Zusammengehörigkeit auf „Gedeih und Verderb". Es umschließt Begriffe wie „Schicksalsgemeinschaft", „Zusammenwachsen", wozu sowohl gemeinsame Leiderfahrung wie auch Gemeinschaftsbegründung durch diese gehört. Die dauerhaft erfahrene Gemeinsamkeit weist häufig einen „Schutz- und Trutzcharakter" auf, vergleichbar einem über Jahre und Jahrzehnte sich hin erstreckenden, organisch anmutenden Wachstum, der sich bis in die Gemeinsamkeit gleichzeitiger Einfälle, Gedanken, ja bis in die Ähnlichkeit der Träume erstreckt. Eine Verbindung dieser Art hat nicht allein durch Zufälle oder ökonomisch unauflösbare Verflechtungen „überdauert". Vielmehr wird in ihr eine Möglichkeit menschlicher Zweisamkeit sichtbar, die sich seit prähistorischen Zeiten immer wieder zu behaupten versucht hat: gegen den „Strom" der Vergänglichkeit das Mit-Einander von Mann und Frau andauern zu lassen, das Mit-Einander letztlich von Zuneigung. Diese Möglichkeit ringt um die Verwirklichung des scheinbar Unmöglichen innerhalb menschlicher Beziehungen: um deren Dauer.

Wird diese Dauer des Mit-Einanders bei allen ihr innewohnenden Brüchen und Widersprüchen sichtbar, so taucht eine Perspektive von Verbindungen auf, die sich sonst in der Problematik von Distanz und Nähe entzieht. Deshalb verlangt die Dauer der Verbindung im tieferen Sinne die Innigkeit der Zuneigung, in der erst die Diskrepanz von Distanz und Nähe aufgehoben ist. Im Erleben des Andauerns ihrer Beziehung werden die Partner zueinander verklärt, vergleichbar dem Blick vom Bergesgipfel auf den zurückgelegten Anstieg, dessen Pfad sich immer mehr in der Ferne der Vergangenheit verliert, bis die Berge dem breit ausladenden Stromtal weichen. Die zunehmend entrückte Vergangenheit erscheint wie im Abendlicht umgoldet – als gemeinsame Vergangenheit verbürgt sie vor allem das Erleben der Dauer. Dieses Erleben entrückt die Partner in eine Transzendenz, in der die andauernde Gemeinsamkeit inniger Kommunikation als höchstes Lernziel der Liebesbeziehung erscheint.

Die genannten Metamorphosen der Traumhaftigkeit in Zärtlichkeit, der Verzauberung und Verzückung in Innigkeit, der Verklärung und Entrückung in das Erleben der Dauer bedeuten keineswegs – dies sei noch einmal betont – resignativen Verzicht auf die sinnlich-orgasmische Beglückung. (Diese erstreckt sich häufig bis in das Alter.) Der Wandel, der sich hier zu vollziehen vermag, bedeutet vielmehr, daß sich an der Vertiefung der Dimensionen der Kommunikation in Zärtlichkeit, Innigkeit und Dauer die sinnliche Zuneigung immer wieder entzündet. Es ist ein umgekehrt-reversibler Prozeß zu beobachten, der in entgegengesetzter Richtung verläuft als der Beginn einer im Sinnlichen sich entfachenden Liebesbeziehung: aus Zärtlichkeit und Innigkeit erwächst eine leibhafte Begegnung, die wiederum zu Intensivierung von Zärtlichkeit und Innigkeit, damit zu einer spiralig sich aufwärts entwickelnden, nicht abzusehenden Kommunikationserweiterung führt.

Darüber hinaus handelt es sich in dem aufgezeigten Lernprozeß nicht um das Erwerben von unbekannten Eigenschaften oder Fähigkeiten, vergleichbar der Beherrschung des Einmaleins für den Grundschüler. Sondern in der Zuwendung allgemein und in ihren unterschiedlichen Weisen von Zuneigung sind die Wahrnehmung des anderen als Kommunikation, der umsichtig-einsichtige Umgang mit ihm, wie auch die Metamorphosen dieses Umgangs zu Zärtlichkeit, Innigkeit, Dauer als Möglichkeiten der bejahenden Zuwendung „alle" in der „Liebe" bereits von Anfang an enthalten. In der Spontaneität der Verliebtheit oder leidenschaftlichen Liebe, in der Sinnlichkeit selbst, liegen die Möglichkeiten der genannten „Lernziele" bereit, sie sind als „Potenzen" schon im ersten, anfänglichen Ergriffen-Werden anwesend. Der Lernprozeß geht deshalb von der Verborgenheit (Latenz) oder den Möglichkeiten der Zärtlichkeit, der Umsicht, der Innigkeit

– z. B. in der flüchtigen Verliebtheit – zu ihrer Verwirklichung in der Liebesbeziehung selbst. Es wird nicht „Neues" gelernt, sondern nur entfaltet. Aber die Blickrichtung des einzelnen auf die verborgenen Möglichkeiten seines Liebens erwecken eben diese. Die Erweckung und Entfaltung hängt wiederum von dem konkreten „Stand" der Beziehung, der Verbindung zu dem Partner ab. In der Entwicklung von andauernden Grundeinstellungen, wie z. B. die der Zärtlichkeit, Geduld und Innigkeit dem anderen gegenüber, kann der Lernprozeß der ständigen Gefährdung der Liebesbeziehung durch die genannten Widersprüche und Grundenttäuschungen, insbesondere durch die Fluktuation der Zuneigung selbst, entgegenwirken. Dies allerdings verlangt Arbeit.

*d) Balanceakte*

Der liebende Mensch ist in der Liebesbeziehung sich selbst – dies war der Inhalt der bisherigen Darstellung – immer wieder der größte Feind. Lieben strebt nach Nähe, um sich damit aufzuheben. Auf diese Grunddiskrepanz wurde wiederholt hingewiesen. Nähe erzeugt Abhängigkeiten, die zu Leiden führen, die Leiden erwecken wiederum das Bedürfnis nach Unabhängigkeit, nach Aufhebung der Liebe. So nichtet die Zuneigung den anderen, stellt ihn bereits durch die wechselnde Intensität eben der Zuneigung in Frage – damit sich selbst. Jeden Moment vermag sie aus dem Bedürfen nach liebender Selbst-Darstellung in Machtkämpfe, in Rivalität, in destruktives Nicht-voneinander-Lassen umschlagen. In der Sehnsucht sucht die Zuneigung das Unmögliche der totalen Verschmelzung, totalen Kommunikation, des totalen Vertrauens und ist aus ihrer Bewegung so angelegt, daß sie erst zu Enttäuschungen führen muß. Werden diese Enttäuschungen aufgrund gemeinsamer Bereitschaft zu lernen gemeistert, ist in beiden Partnern der entschlossene Wille vorhanden, die Beziehung um des anderen wie auch um der Beziehung willen aufrechtzuerhalten, dann sind die Chancen des Lernens in der oben geschilderten Weise gegeben. Aber schon ein relativ widersprüchlicher, nicht im Prinzip „einiger" Entschluß, die Beziehung über die Grundenttäuschungen hinweg fortzusetzen – und wo gäbe es bei verschiedenen Subjekten „gleiche" Entschlüsse? –, umschließt die Gefahr, daß der eine „lernt", der andere ihn aber lernen läßt, ohne sich selbst am Lernen zu beteiligen.

Diese Zusammenhänge erweisen, daß das Lieben und die Erhaltung einer Liebesbeziehung zu den schwierigsten sich dem Menschen stellenden Aufgaben zählen. Sich zu verlieben und „rechtzeitig" wieder „Schluß zu machen", ist demgegenüber einfach, obwohl auch das „Verlieben" für zahlreiche Angehörige der jüngeren Generation bereits zum Problem geworden ist.

Die Schwierigkeit des Liebens liegt nicht etwa, wie gewisse Kreise immer wieder glauben machen wollen, in der Struktur der „repressiven" Gesellschaft[1], auch wenn die bürgerliche Gesellschaft des 19. und beginnenden 20. Jahrhunderts der Spontaneität und „Irrationalität" des Liebens erhebliche „repressive" Schranken gesetzt hat und das „individuelle Glücksstreben" mißachtete oder es nur im Verborgenen zuließ. Die Schwierigkeit des Liebens liegt in der Liebe selbst, in ihrer unauflösbaren („dialektischen") Verschränkung widersprüchlicher, im Konflikt stehender Tendenzen, die in der Liebe selbst, im Augenblick ihrer Verwirklichung erscheinen. Deshalb verlangt ihre Verwirklichung stetige Arbeit im Lernen, das wiederum dem Bequemlichkeitsstreben des Menschen („Regressionstrieb"), seinem emotionalen Sich-gehen-Lassen, widerspricht. Weil die Auffassung herrscht, daß Lieben etwas Spontanes „sein muß" – was es auch fraglos ist –, wird angenommen, es müsse bei dieser Spontaneität bleiben. Diese schlägt dann aber in ihr Gegenteil, in die Aufhebung der spontanen Zuneigung um. Andererseits ist es die „Arbeit" an der Beziehung, die, mit Auseinandersetzung verbunden, ihre Spontaneität durch „Bewußtmachung" zu stören vermag. Jede „Bewußtmachung" geschieht auf Kosten der Emotionalität und gefährdet, reduziert diese möglicherweise. So taucht am Ende des „Arbeitens" die Gefahr auf, daß die lernwilligen Partner tatsächlich nur noch „auf leisen Pfoten" umeinander schleichen – womöglich ein psychoanalytisches Lehrbuch in der Hand.

Daß der um 17 Uhr ermüdet nach Hause kommende Arbeiter, Angestellte oder Beamte, die sehr viel später nach Hause kommenden freiberuflich Tätigen wie Ärzte, Anwälte oder Kaufleute sich ab 22 oder 23 Uhr auf Behutsamkeit im Umgang mit der geliebten Frau, auf Zärtlichkeit, Umsicht oder Innigkeit umstellen sollen, setzt Willen und einen Antriebsüberschuß voraus. Dieser muß sich nicht nur gegen auslaugende Erschöpfung, sondern auch gegen die Abneigung behaupten, jetzt „an sich selbst zu arbeiten". Diese gesellschaftliche Realität ist als auslaugend-erschöpfende Arbeit in der Tat der Feind der Liebe. Möglicherweise

---

[1] Vgl. hierzu H. Dahmer, Libido und Gesellschaft, Frankfurt am Main 1973.

wird eines Tages, bei zunehmender Technisierung des Produktionsprozesses, dem Menschen mehr Freizeit und damit mehr Möglichkeit zum Erlernen der Liebe vermittelt. (Schon Marx erschien ein Überschuß an Freizeit das größtmögliche positive Ereignis zukünftiger Zivilisation.) Aber auch diese gesellschaftliche Realität schließt nicht aus, daß es – allen Gesellschaften und ihren Theoretikern zum Trotz – immer wieder Paare und Partner gibt und geben wird, die das Lieben in stetiger Auseinandersetzung miteinander erlernt und bewältigt haben.

Für diese Partner stellt sich der Lernprozeß als konstanter Balanceakt dar, die Liebe nicht an der ihr immanenten Widersprüchlichkeit scheitern zu lassen. Die tiefen Widersprüchlichkeiten von Nähe und Distanz, die Fluktuation der Zuneigung selbst können nicht aufgelöst, sondern bestenfalls im oben aufgezeigten Sinne in Zärtlichkeit, Innigkeit, Dauer aufgehoben werden. Nähe und Distanz können zum „regulierbaren" Anteil des Lernprozesses werden, wenn um ihr Vorhandensein, um ihre Problematik gewußt wird. Widersprüchlichkeit ist ferner zu bewältigen, wenn letztlich den Partnern bewußt ist, daß keine Zuneigung, wird sie ständig strapaziert, unerschöpflich ist, daß Zuneigung der Regeneration bedarf, der Distanz, des inneren Abstandes zu dem anderen. (An die Angst, den anderen durch Abstand zu verlieren, sei erinnert.)

Wie sollen sich aber Distanz, innerer – u. U. auch äußerer – Abstand und Spontaneität der Zuneigung vertragen? Eine Liebesbeziehung, mit der es beiden Partnern ernst ist, sollte dennoch den Mut zur Distanzierung und zur Einsamkeit aufbringen. Aus ihr dann wieder zurückkehrend, wird der eine sich im Bedürfnis nach der Nähe des anderen mit und an ihm verjüngen. Der Vorgang vermag sich allerdings nur im bipersonalen Mit-Einander einzubalancieren und nicht auf Kosten dessen, der allein gelassen (verlassen) wird.

Die Distanzierung wird heute meistens durch die Berufsarbeit mitbedingt, die zahllosen Partnern das Zusammensein erst nach dem 8-Stunden-Tag oder am Wochenende erlaubt. Aber diese Distanzierung ist eine erzwungene, die sich nicht ausdrücklich auf den anderen bezieht. Erst innerlich sich vom anderen zu entfernen, ergibt die Möglichkeit erneuter, einander bestätigender Nähe. Gerade der von der Berufsarbeit ermüdet heimkehrende Partner bedarf – bei vorhandener Einsicht und entsprechender Umsicht – der notwendigen Distanzierung vom Arbeitstag wie auch von dem ihn erwartenden, möglicherweise ebenfalls berufstätigen Partner, um gemeinsam zur Nähe zurückzufinden. Halten die Partner

Nähe und Distanz im Gleichgewicht, bedingt dieses Gleichgewicht Vertrauen, daß der andere sich nicht endgültig „entzieht". Das Vertrauen erlaubt den Partnern Distanz zu finden.

Die Liebesbeziehung drängt – wie dargelegt wurde – in die Abhängigkeit der Partner voneinander, bis zu den extremen Fällen gegenseitiger Hörigkeit. Die Abhängigkeit, insbesondere aus Gründen der sozialen Rollenproblematik, erweckt verstärktes Bedürfen nach Unabhängigkeit und Selbständigkeit (s. o.). Schnell fühlt sich der eine Partner an den anderen gekettet, glaubt kaum noch, eine Handlung unabhängig von ihm unternehmen zu können, glaubt keinen Schritt mehr „aus dem Hause" tun zu dürfen, über den er nicht Rechenschaft ablegen müßte. Diese Problematik treibt in eines der erwähnten Mißverhältnisse: Abwehr gegen Abhängigkeit hier, dort Angst, den Partner zu verlieren – und ihn deshalb in Abhängigkeit halten zu müssen.

Wenn Distanzierung die Möglichkeit von Selbständigkeit umschließt, Abhängigkeit dagegen zur Nähe drängt, so bedürfte es dennoch einer genaueren Erklärung, was eigentlich unter Abhängigkeit und Selbständigkeit in der Liebesbeziehung zu verstehen ist. Dies wurde in anderem Zusammenhang[1] bereits eingehend dargelegt. Nur im Rückgriff auf jene Darlegungen sei erinnert, daß in der Abhängigkeit ein Leidens- (pathisches) Moment der Liebesbeziehung selbst erscheint. In dieses blendet sich sowohl die Angst ein, den Partner zu verlieren, wie auch die Auslieferung an das Ergriffen-Werden (Überkommen, Überfallen) durch die Liebesleidenschaft selbst. Im Streben nach Selbständigkeit wehrt sich das Individuum gegen die Liebesbeziehung, gegen die Auslieferung an das Leiden der Leidenschaft. Damit wehrt es sich auch indirekt gegen den Partner. Diese elementare Diskrepanz liegt bereits im Wesen der Liebesbeziehung. Sie wird durch die soziale Rollenproblematik u. U. verschärft, die aber häufig nur eine Rechtfertigung der eigentlichen Widersprüche zwischen der Auslieferung an die Abhängigkeit von der Leidenschaft einerseits, dem Suchen von Unabhängigkeit andererseits, dem Suchen aber auch dieser Abhängigkeit selbst darstellt. So gibt es Frauen, die ihre schwächere, abhängige Position dem Ehemann gegenüber – über die sie klagen – mit der Unmöglichkeit rechtfertigen, irgendeine selbständige Tätigkeit außerhalb des Hauses auszuüben, d. h. die die Abhängigkeit, gegen die sie sich zu wehren scheinen, doch letztlich anderen Tätigkeiten vorziehen. Ebenso gibt es Frauen, für die zunehmende Selbständigkeit in der Partner-

[1] D. Wyss, Beziehung und Gestalt, Teil II (Identitätsproblematik).

schaftsbeziehung einen Ausdruck für das Erlahmen, Erkalten ihrer Verbindung mit dem männlichen Partner darstellt. Hier schließt verstärkte Selbständigkeit durchaus eine Rechtfertigung für „Liebesunfähigkeit" ein.

Die genannten Widersprüche in einer Liebesbeziehung bedeuten keineswegs, daß in ihr Selbständigkeit von Meinungen, Überzeugungen oder von Handlungen nicht existieren könnten. Nach den vorausgegangenen Ausführungen, insbesondere über die Unmöglichkeit der Identitätsfindung, dürfte die Irrtümlichkeit einer solchen Ansicht genügend aufgezeigt worden sein. Das zu zahlreichen Konflikten – Mißverhältnissen, „Teufelskreisen" – führende Grundproblem von Bindung und Abhängigkeit gegen Lösung und Selbständigkeit vermag darüber hinaus eine relative Aufhebung zu finden, wenn die Partner einsehen, daß jede Liebesbeziehung Abhängigkeit von der Zuneigung, damit von dem Partner umschließt. Diese Abhängigkeit kann als gemeinsame und gleichzeitige von beiden angenommene „verkraftet" und so ausgeglichen werden. Denn die Abhängigkeit voneinander bedeutet keineswegs Aufgeben einer selbständigen sozialen Rolle, einer selbständig erworbenen Meinung oder Überzeugung, ein Nachlassen im selbständigen Handeln. Es ist im Gegenteil ein wesentliches Anliegen des Lernprozesses, den anderen in seiner Selbständigkeit wahrzunehmen und ihn durch Umsicht und Einsicht in den Lernprozeß zu fördern.

In der Selbständigkeit bildet sich Distanz zum anderen, in der Abhängigkeit Nähe, dies im Wechselspiel zu harmonieren ist das eigentliche Moment des Lernens, ist der „Balanceakt".

Die tiefgreifende Gefährdung der Liebesbeziehung durch die Alltäglichkeit und das Sich-gehen-Lassen in unbedachten Gewohnheiten wurde schon erwähnt. Die Alltäglichkeit ist die selbstverständlich-unreflektierte Form der Nähe, die bindende Gewohnheiten schafft und damit auch Konflikte und Widersprüche der Partner auszugleichen vermag. Bei nachdenklich lebenden Partnern kann sie aber zu Auflehnung und Ausbrüchen verschiedenster Art führen und damit erhebliche Krisen in der Beziehung auslösen. Auch hier liegt es in der Hand der Partner, sich nicht von der Alltäglichkeit „auslöschen" zu lassen, sondern die Alltäglichkeit in hartnäckigem, gemeinsamen Bemühen immer wieder durch das Setzen von Höhepunkten zu übersteigen. Das ist z. B. der Sinn der sog. „Feste", die sich von Parties eben durch Überwindung der Alltäglichkeit unterscheiden, während die Party meistens unter die Alltäglichkeit möglicher Kommunikation herabsinkt. Mit Festen sind nicht die des Kalenders gemeint, sondern

z. B. das Vermögen, einer Situation durch Phantasie, Einfälle und differenziertere Vorstellungsgabe spontan einen ungewöhnlichen Charakter zu geben. Damit wird sie über den Alltag hinausgehoben. Dazu bietet sich vor allem auch die Spontaneität des sinnlichen Erlebens an, seine den Alltag immer wieder übersteigende Kraft. (Insbesondere dann, wenn Sinnlichkeit spontan erweckt wird und nicht zu einer zweimal wöchentlich sich abspielenden „Entlastung" geworden ist.) Phantasie überhaupt, mimische Begabung, Sinn für „Dekoration", für Überraschung und Spiel können nicht wenig zu der Überwindung der Alltäglichkeit beitragen und damit eine Liebesbeziehung immer wieder verjüngen. Die Bedeutung des gemeinsamen Spiels – vom einfachen Gesellschaftsspiel bis zu den „Spielen der Erwachsenen"[1] – kann als Möglichkeit, die Alltäglichkeit zu übersteigen, gar nicht genug betont werden.

Die Gefährdung der Beziehung endlich durch die innerseelischen Schwankungen der Zuneigung selbst wurde ausführlich erörtert. Erörtert wurde auch, wie diesen Schwankungen durch Entwicklung von Grundeinstellungen (Zärtlichkeit, Innigkeit, Geduld, Dauer) entgegengewirkt werden kann. Allerdings verlangt das einen fortgesetzten Balanceakt zwischen spontaner Zuneigung, deren Nachlassen, Einstellung auf den anderen über Zärtlichkeit oder Innigkeit. Insbesondere Innigkeit und Geduld vermögen es, die Spontaneität der Zuneigung immer wieder zu wecken, zu steigern und sich in Verbindung mit einer sinnlich-leibhaften Bestätigung der Gemeinsamkeit in einem „Gegenkreis" zunehmender Kommunikationserweiterung zu den möglichen „Teufelskreisen" zu behaupten.

*e) Einzelprobleme (Das Gespräch, Hilfe von außen, Treue)*

Das gemeinsame Lernen setzt das Gespräch unter den Partnern voraus. Je mehr geschwiegen und verschwiegen wird, um so kritischer ist die Beziehung zu beurteilen. Das wiederum schließt nicht aus, daß gemeinsames Schweigen Ausdruck tiefen Einvernehmens zu sein vermag. Das Gespräch jedoch, nicht um sich gegenseitig in der oben dargelegten Weise zu zergliedern, zu nichten und destruktiv zu analysieren, verlangt um der Gemeinsamkeit des Lernens willen Offenheit. In ihr liegt seine entscheidende Wir-

[1] S. E. Berne, Spiele für Erwachsene, Reinbek 1967.

151

kung. Es vermag problemreiche Beziehungen durch die Aussprache zu entwirren und aus der Aussprache sich ergebende Möglichkeiten neuer Offenheit zu begründen. Der Mut zum Gespräch wird häufig durch die verständliche Angst gehemmt zu verletzen, zu kränken, den anderen mißzuverstehen. Auch hier bedarf es eines Balanceaktes zwischen Betriebsamkeit und Schonung, Offenheit und Kritik.

Man überlasse sich nicht dem irrigen Glauben, solange die leibhaft-intime Beziehung noch „funktioniert" oder „intakt" ist, sei „im Prinzip alles in Ordnung". Wiederholt wurde betont, daß die Sinnlichkeit durch das ihr innewohnende verjüngende Moment Mißverhältnisse der Beziehung vorübergehend ausgleichen kann. Damit verbrämt sie jedoch häufig ein sichtbares Mißverhältnis, das sich meistens bald, nach Beendigung der intimen Umarmung, in erneuter Auseinandersetzung wieder ausdrückt.

Das Gespräch als Versuch, die eigene Stellung zum Partner abzuklären, als Möglichkeit der Selbstdarstellung und des wechselseitigen Verstehens, als Chance, den anderen und seine Darstellung wahrzunehmen, eröffnet immer wieder neue Wege, zu lernen – vorausgesetzt allerdings, es wird beiderseits von der Bereitwilligkeit zum Lernen getragen. Dient es aber nur noch der Rechtfertigung des eigenen Verhaltens, dem In-Schuld-Setzen des anderen, dann ist der Lernprozeß bereits an seinem Ende angelangt. In Gesprächen dieser Art geht es den Partnern meistens nur noch darum, im anderen den Sündenbock für das eigene Versagen zu finden. In kritischer Situation sollte das Gespräch deshalb durch eine fruchtbare Hilfe (Psychotherapeut) erweitert und ergänzt werden, sei es als gemeinsames Gespräch zu Dritt, sei es als unabhängig von dem jeweiligen Partner verlaufender, die Beziehung abklärender Dialog zwischen einem der Partner und dem möglichen Therapeuten. Unterstützungen dieser Art sollten nicht unterschätzt werden. Denn zahlreichen Therapeuten ist es gelungen, gerade durch das Gespräch zu Dritt die erstarrten Fronten zu lösen und die Problematik in ein wandlungs- und kommunikationsfähiges Fluktuieren zu bringen. Die Einzelheiten der Gesprächsmöglichkeiten, das Wie desselben jedoch übersteigt die Thematik der vorliegenden Untersuchung. Es sei darum nur auf die Möglichkeit dieser Hilfe durch eine neutrale Person hingewiesen.

Die Frage nach der Treue in einer Liebesbeziehung als Bestandteil des Lernprozesses zu erwähnen, dient nicht etwa der Erweckung von Reminiszenzen an Ritterromane, sondern der Konfrontation mit einem wesentlichen Problem. Dieses kann sich jederzeit aus der nicht verfügbaren und nicht voraussehbaren Art von Zuneigung überhaupt ergeben. Aus einer sinnlichen Anmutung und Schwankung, einer personalen Begegnung, einer sachbezogenen Kommunikation vermag sich immer wieder unvermutet eine Liebesbeziehung ergeben, die eine bereits bestehende Bindung beeinflußt, sie u. U. verändert oder gar beendet. Die institutionell straff geführte Gesellschaft des 19. und beginnenden 20. Jahrhunderts hat – zumindest im Bürgertum – durch die Macht des Institutionellen versucht, diesen unberechenbaren Entwicklungen entgegenzuwirken. In der gegenwärtigen „Lockerheit" und Auflösung des gesellschaftlichen Gefüges in den sog. kapitalistischen Ländern wirken die Institutionen promiskuösen Entwicklungen jedoch nicht mehr nennenswert entgegen. Vielmehr haben sich in den letzten Dezennien Liebesbeziehungen auch gesellschaftlich etabliert und sind akzeptiert worden, die vor dem Ersten Weltkrieg – oder zwischen den Kriegen – noch kaum denkbar gewesen wären (die sog. „Wilde Ehe", die „Ehe auf Probe", das häufig promiskuöse Zusammenleben in sog. Kommunen, die Liebesverbindung mit anderen, dritten oder vierten Personen neben bzw. außerhalb der Ehe). Was bedeutet angesichts der Unberechenbarkeit von Liebesbeziehungen einerseits, ihrer gesellschaftlichen Ent-Tabuisierung andererseits die sog. „Treue" noch?

Als Bestandteil des Lernprozesses im aufgewiesenen Sinne sollten die Partner die Bedeutung des unvorhergesehen-spontanen Ergriffen-Werdens durch die Liebe in ihrer eigenen Vergangenheit nicht vergessen. Dieses plötzliche Ergriffen-Werden kann sich immer wieder ereignen. Sich dessen zu erinnern, bedeutet, dem anderen, bei aller Innigkeit der Verbindung, den Spielraum möglicher Freiheit zuzubilligen, der die Aufnahme einer anderen Beziehung mit möglicher Beendigung oder doch tiefgreifender Veränderung der derzeitigen umschließt. Trotz gemeinsamen Lernens, oft seit Jahren mühsam erlitten, sind Entwicklungen dieser Art keineswegs auszuschließen. Sie kommen vor, da sie Bestandteil der Lebensbewegung und der Beständigkeit ihrer Veränderung sind.

Unter Berücksichtigung dieser Zusammenhänge und der derzeitig gesellschaftlich-historischen Situation kann Treue jedoch bedeuten, daß die Zuneigung zu dem anderen den Grad an Innigkeit erreicht hat, der es möglich macht, sich mit ihm, selbst im Einbruch einer anderen Beziehung, „solidarisch" zu fühlen: den anderen, anstatt ihn mit Vorwürfen und Strafen zu „bearbeiten", jetzt und innerlich nicht preiszugeben, ihn nicht im Stich zu lassen. Die Innigkeit einer Liebesbeziehung als mögliches Lernziel impliziert Treue in dem Sinne, daß der, der einmal in den Bezirk „inniger Zuneigung" gehört hat, nicht ohne weiteres aus ihm entlassen werden kann.

Aus der gleichen Innerlichkeit, aus Sorge um die Verletzlichkeit des Partners kann sich aber auch derjenige treu verhalten, der sich einem anderen zuwendet, z. B. indem er auf die in ihm aufkeimende Zuneigung zu dem Dritten verzichtet. Oder es können über die Gemeinsamkeit des Gesprächs Mittel und Wege erkundet werden, die das innige Vertrauen zueinander (Treue!) nach wie vor zulassen und nicht verlangen, sich gegenüber dem neuen Partner grundsätzlich zu verschließen.

Auch hier wird die Notwendigkeit von Balanceakten sichtbar, für die es keine allgemein verbindlichen Regeln gibt. In der Treue zeigt sich die aus der Vertrautheit einer Liebesbeziehung gewonnene Innigkeit dem Partner gegenüber als selbstverständliche Verpflichtung, zu ihm zu stehen, d. h. ihn innerlich nicht zu verlassen, wohin er sich auch entwickelt. Damit erweist sich das Lieben, das sich im Leben scheinbar am schnellsten und leichtesten ergibt, als das am schwersten zu Erlernende. Oder wie der Dichter R. M. Rilke es in einem Brief sagt:

„Liebhaben von Mensch zu Mensch: das ist vielleicht das Schwerste, was uns aufgegeben ist, das Äußerste, die letzte Probe und Prüfung, die Arbeit, für die alle andere Arbeit nur Vorbereitung ist. Darum *können* junge Menschen, die Anfänger in allem sind, die Liebe noch nicht: sie müssen sie lernen. Mit dem ganzen Wesen, mit allen Kräften, versammelt um ihr einsames, banges, aufwärts schlagendes Herz, müssen sie lieben lernen. Lernzeit aber ist immer eine lange, abgeschlossene Zeit, und so ist Lieben für lange hinaus und weit ins Leben hinein: Einsamkeit, gesteigertes und vertieftes Alleinsein für den, der liebt. Lieben ist zunächst nichts, was aufgehen, hingeben und sich mit einem Zweiten vereinigen heißt (denn das wäre eine Vereinigung von Ungeklärtem und Unfertigem, noch Ungeordnetem –?), es ist ein erhabener Anlaß für den einzelnen, zu reifen, in sich etwas zu werden, Welt zu werden, Welt zu werden für sich um eines anderen willen, es ist ein großer, unbescheidener Anspruch an ihn, etwas, was ihn auserwählt und zu Weitem beruft. Nur in diesem Sinne, als Aufgabe, an sich zu arbeiten („zu horchen und zu hämmern Tag und Nacht"), dürften junge Menschen die Liebe, die ihnen gegeben wird, gebrauchen. Das Aufgehen und das Hingeben und alle Art der Gemeinsamkeit ist nicht für sie (die noch lange, lange sparen und sammeln müssen), ist das Endliche, ist vielleicht das, wofür Menschenleben jetzt noch kaum ausreichen.

Darin aber irren die jungen Menschen so oft und so schwer: daß sie (in deren Wesen es liegt, keine Geduld zu haben) sich einander hinwerfen, wenn die Liebe über sie kommt, sich ausstreuen, so wie sie sind in all ihrer Unaufgeräumtheit, Unordnung, Wirrnis . . ." Und an anderer Stelle: „Wir haben, wo wir lieben, nichts als dies: einander lassen" (R. M. Rilke, Brief vom 14. 5. 1904 an F. X. Kappus).

## f) Liebe als Geschehen und als Weg

Lieben, das immer in Liebesbeziehung stehende Menschen meint, ist Geschehen, das den Menschen ergreift und ihn die Höhepunkte, Widersprüche und Abgründe der menschlichen Existenz erleben läßt. Als Geschehen ist Lieben von vornherein nicht „machbar" und nicht „manipulierbar". Das Leben wird nie ein zu planendes Soll oder ein auszukalkulierender Vorgang sein. Bei aller Steigerung auch sozial-wertpositiver Eigenschaften durch das Lieben gehören die sog. „asozialen", nichtenden Tendenzen ebenso zur Liebe, ist sie auch „gesellschaftsfeindlich"[1] – wie zu Genüge aufgewiesen wurde.

Aus dem Geschehen, dem der einzelne in der Liebe ausgeliefert ist, einen gemeinsamen, für den Partner als „Mit-Betroffenen" gangbaren Weg zu bilden, der hier nur ein Stück weit, dort aber durch ein ganzes Leben führt, bestimmt sich das Lieben als Lernprozeß. Die Partner müssen im Erlernen der Liebe nichts „Neues" lernen. – Wie gezeigt worden ist, wird in den verschiedenen Arten der Zuneigung das in der Liebe zu Erlernende als vorhandene Möglichkeit nur wahrgenommen, aufgegriffen, schrittweise entwickelt und entfaltet. Im Lernprozeß wird das Geschehen der Liebe (die Pathik) zu einem gemeinsamen, für beide Partner zu beschreitenden Weg.

[1] Diesen Bezug sieht S. Freud, wenn er von der „Anarchie" und „Regression" der Liebenden spricht. (In: Die Zukunft einer Illusion.)

# Literaturhinweise

Th. W. Adorno, Eingriffe. Neun kritische Modelle. Frankfurt a. M. 1968
M. Balint, Primary Love and Psychoanalytic Technique. London 1964
–, Problems of Human Pleasure and Behavior. London 1957
E. Berne, Spiele der Erwachsenen. Reinbek b. Hamburg 1967
L. Binswanger, Grundformen und Erkenntnis menschlichen Daseins. München 1962
C. v. Bolen, Geschichte der Erotik. Teufen 1951
G. Brand, Die Lebenswelt. Berlin 1973
T. Brocher, Eine kleine Elternschule. Stuttgart 1964
M. Buber, Das Dialogische Prinzip. Heidelberg 1974
M. Bürger, Geschlecht und Krankheit. München 1958
H. Burkhardt, Die unverstandene Sinnlichkeit. Wiesbaden 1973
L. Clark, Verschwiegene Sexualprobleme. München 1967
Alex Comfort, Der aufgeklärte Eros. Reinbek b. Hamburg 1967
E. Crawley, Studies of Savages and Sex. London 1969
–, The Mystic Rose. New York 1960
H. Dahmer, Libido und Gesellschaft. Frankfurt a. M. 1973
H. Deutsch, Die Psychologie der Frau. Bern 1959
F. W. Doucet, Moderne Liebesspiele. München 1968
I. Evola, Metaphysik des Sexus. Stuttgart 1962
C. Ford u. F. A. Beach, Formen der Sexualität. Reinbek b. Hamburg 1969
E. Fried, Konfliktsituationen in Liebe und Sexualität. München 1967
E. Fromm, Die Kunst des Liebens, Berlin o. J. (Ullstein)
F. E. Frhr. v. Gagern, Das neue Gesicht der Ehe. München 1966
V. E. v. Gebsattel, Prolegomena einer medizinischen Anthropologie. Heidelberg 1955
H. Giese, Die sexuelle Perversion. Frankfurt a. M. 1967
–, Die Sexualität des Menschen. Handbuch der medizinischen Sexualforschung. 2. Aufl. Stuttgart 1971
A. Heigl-Evers u. F. Heigl, Lieben und Geliebtwerden in der Ehe. Stuttgart 1969
J. Jacobi, Frauenprobleme – Eheprobleme. Zürich 1968
R. Jungk u. H.-J. Mundt, Hat die Familie noch eine Zukunft? 25 Wissenschaftler diskutieren die Krise der westlichen Welt. München/Wien/Basel 1971
W. Kemper, Die Störung der Liebesfähigkeit beim Weibe. Darmstadt 1967
A. C. Kinsey et al., Kinsey Report: Das sexuelle Verhalten der Frau. Berlin 1970
–, Kinsey Report: Das sexuelle Verhalten des Mannes. Berlin 1955

L. Klages, Vom kosmogonischen Eros. 8. Aufl., Stuttgart o. J.

M. Klein u. J. Riviere, Love Hate and Reparation. London 1967

P. C. Kuiper, Liebe und Sexualität im Leben der Studenten. Stuttgart 1969

A. u. W. Leibbrand, Formen des Eros. Kultur- und Geistesgeschichte des Eros. Freiburg/München 1972

I. Lepp, Psychoanalyse der Liebe. Würzburg 1968

R. L. Lorand, Love, Sex, and the Teenager. New York 1966

K. Lorenz u. P. Leyhausen, Antriebe tierischen und menschlichen Verhaltens. München 1967

K. H. Mandel, Einübung in Partnerschaft. München 1974

–, Einübung in Liebesfähigkeit. München 1975

J. H. Masserman (Ed.), Sexuality of Woman. New York 1966

R. E. L. Masters, Die teuflische Wollust. Sex und Satanismus. München 1968

R. Masters, Sexuelle Tabus und Moral. Hamburg 1965

W. Masters u. V. E. Johnson, Die sexuelle Reaktion. Reinbek b. Hamburg 1970

M. Mead, Jugend und Sexualität in primitiven Gesellschaften. 3 Bde. dtv München 1970

K. M. D. Memminger, Love against Hate. New York 1942

V. Packard, Die sexuelle Verwirrung. Düsseldorf 1969

H. Plessner, Die Einheit der Sinne. Bonn 1965

H.-E. Richter, Patient Familie. Reinbek b. Hamburg 1970

P. A. Robinson, The Sexual Radicals: Wilhelm Reich, Geza Róheim, Herbert Marcuse. London 1969

K. Saller, Sexualität heute. München 1967

A. Schelkopf (Hrsg.), Sexualität – Formen und Fehlentwicklungen. Göttingen 1968

H.-J. v. Schumann, Liebesunfähigkeit bei Frauen und ihre Behandlung. München 1969

E. Sievers u. J. David, Vollendung ehelicher Liebe. Recklinghausen 1967

V. Sigusch, Exzitation und Orgasmus bei der Frau. Stuttgart 1970

E. Speer, Die Liebesfähigkeit. München 1935

G. Speicher, Die großen Tabus. Macht und Ohnmacht der Moral. Düsseldorf/Wien 1969

W. Stekel, Patterns of Psychosexual Infantilism. New York 1952

H. Stierlin, Das Tun des Einen ist das Tun des Anderen. Frankfurt a. M. 1971

G. R. Taylor, Im Garten der Lüste. Frankfurt a. M. 1970

H. Tellenbach, Geschmack und Atmosphäre. Salzburg 1968

–, Zur Phänomenologie der Eifersucht. In: Der Nervenarzt 27, 1967

H. Thielicke, Sex. Ethik der Geschlechtlichkeit. Tübingen 1966

W. Trillhaas, Sexualethik. Göttingen 1969

L. Ullerstam, Die sexuellen Minderheiten. Hamburg 1965

G. Valensin, Liebe und Sexualität des jungen Mädchens. Berlin 1965

E. Wiesenhütter, Ehekonflikte. Stuttgart 1966

H. Zuber, Gestörte Ehen. Bern 1967

# Dieter Wyss

## Lehrbuch der medizinischen Psychologie und Psychotherapie für Studierende
1971. 176 Seiten, kartoniert

## Die tiefenpsychologischen Schulen von den Anfängen bis zur Gegenwart
Entwicklung – Probleme – Krisen
4., durchgesehene und erweiterte Auflage 1972. XXXII, 471 Seiten, kartoniert und Leinen

## Strukturen der Moral
Untersuchungen zur Anthropologie und Genealogie moralischer Verhaltensweisen
2. Auflage 1970. 238 Seiten, Paperback (Sammlung Vandenhoeck)

## Marx und Freud
Ihr Verhältnis zur modernen Anthropologie
1969. 114 Seiten, broschiert (Kleine Vandenhoeck-Reihe 309/311)

VIKTOR VON WEIZÄCKER / DIETER WYSS
## Zwischen Medizin und Philosophie
Mit einer Gedächtnisrede von Wilhelm Kütemeyer
1957. 290 Seiten, engl. broschiert

LIESELOTTE ARNOLD-CAREY
## Und sie erkannten, daß sie nackt waren
Geschlechtswahrnehmung und kindliche Entwicklung
Mit einem Vorwort von Dieter Wyss
1971. 183 Seiten mit 130 Abbildungen, Paperback

# Vandenhoeck & Ruprecht
in Göttingen und Zürich